Wilhelm Dörpfeld

Meiner lieben Schwester Christine…

Impressionen eines weitgereisten Archäologen

Edition und Kommentar
herausgegeben von
Gianna Hedderich und Mira Weidhaas-Berghöfer

Bibliografische Informationen der Deutschen Nationalbibliothek
Die Deutsche Nationalbibliothek verzeichnet diese Publikation in der Deutschen Nationalbibliografie; detaillierte bibliografische Daten sind im Internet über dnb.d-nb.de abrufbar.

Gefördert durch die Deutsche Forschungsgemeinschaft (DFG) – Projektnummer 277132246/GRK2196

Titelbild: Fotoalbum Wilhelm Dörpfeld „Meiner lieben Schwester Christine...", S. 3
Foto: Gianna Hedderich

Einbandgestaltung und Satz: Patrick Leiverkus, Wuppertal
Druck und Bindung: Books on Demand, Norderstedt

ISBN 978-3-96954-002-2

Besuchen Sie uns im Internet: www.polyphem-verlag.de.

POLYPHEM

Für Tilda Agnes

Vorwort

Leben und Werk des in Barmen geborenen Archäologen und Bauforschers Wilhelm Dörpfeld sind bisher nur durch wenige Schlaglichter wissenschaftlich beleuchtet und aufgearbeitet worden. So liegt der größte Teil der Hinterlassenschaften des weitgereisten und zu seiner Zeit einflussreichen Barmers in den Archiven seiner langjährigen Wirkungsstätte – dem Deutschen Archäologischen Institut Athen – sowie seiner Heimat Wuppertal brach. Dabei birgt sein Nachlass biografisch wie wissenschaftshistorisch interessante und archäologisch bis heute relevante Inhalte, die dringend einer kritischen wissenschaftlichen Aufarbeitung bedürfen.

Diese Edition möchte dazu einen Beitrag leisten und einen Einblick in den Wert des Dörpfeldschen Nachlasses ermöglichen. So zeugt die hier edierte und kommentierte Sammlung der zahlreichen Fotografien und Abbildungen des Bilderalbums von den vielen Lebensstationen des Wissenschaftlers und der Privatperson Wilhelm Dörpfeld und bietet einen ersten Eindruck von dem Umfang seiner Wirkungsstätten.

Parallel zu dieser Publikation erscheint ebenfalls im Polyphem Verlag ein Sammelband zu den Studien Wilhelm Dörpfelds mit dem Titel „Eine Odyssee. Studien zum Leben und Werk Wilhelm Dörpfelds", herausgegeben von Mira Weidhaas-Berghöfer und Armin Eich. Der Band ist in engem Verbund mit dieser Edition aus einem im Juli 2018 an der Bergischen Universität Wuppertal veranstalteten und durch das DFG-Graduiertenkolleg 2196 geförderten Workshop zum Thema „Wilhelm Dörpfeld. Umstrittener Homerforscher und bedeutender Archäologe" entstanden.

Diese Publikation konnte ferner nur dank einer Vielzahl an Unterstützern realisiert werden, bei denen wir uns in aller Form bedanken möchten.

Zuerst sei dem Wuppertaler DFG-Graduiertenkolleg 2196 „Dokument – Text – Edition" für die freundliche Finanzierung der Drucklegung dieses Buchs gedankt. Zudem ist das Wuppertaler Stadtarchiv zu nennen, das uns die Digitalisierung des Bilderalbums ermöglichte und dessen hilfreicher Unterstützung durch seine Mitarbeiter wir uns stets gewiss sein konnten.

Für die Durchsicht des Manuskripts und die zahlreichen guten Ratschläge danken wir unserem Kollegen Dr. Thorsten Beigel sowie Herrn Professor Dr. Armin Eich. Auch unsere studentischen Mitarbeiter Elena Joost, Marco Laudenberg und Paul Luka Reinke möchten wir an dieser Stelle nicht unerwähnt lassen. Frau Dr. Alexandra Kankeleit sowie dem Archiv der Zentrale des Deutschen Archäologischen Instituts danken wir für die wertvollen Abbildungen.

Ganz herzlich danken wir zuletzt Peggy und Patrick Leiverkus vom Polyphem Verlag für die Umsetzung und Publikation unseres unkonventionellen Vorhabens.

Gianna Hedderich und Mira Weidhaas-Berghöfer
Wupppertal, im Dezember 2020

Inhaltsverzeichnis

Wilhelm Dörpfeld. Quellenlage einer historischen Persönlichkeit

Eine kritische Untersuchung zu Leben und Werk des Barmer Archäologen Wilhelm Dörpfeld steht bis dato aus. Neben einer nicht unbeträchtlichen Anzahl von Nachrufen und einigen Aufsätzen, die einzelne Aspekte seines Schaffens näher beleuchten, existiert lediglich eine Monografie, die Dörpfelds Leben in Gänze betrachtet. Verfasst von seinem treuen Mitarbeiter, Schüler und Freund Peter Goessler, ist „Wilhelm Dörpfeld. Ein Leben im Dienst der Antike"[1] allerdings wenig wissenschaftlich und stellt Wirken und Leben des Bauforschers eher hagiografisch verzerrt als kritisch dar. Weitere Kurzbiografien rekurrieren bisher auf diese Monografie;[2] eine aktuelle wissenschaftliche Bearbeitung der Person Wilhelm Dörpfeld wäre wünschenswert. Denn die fehlende Aufarbeitung seines reichen Nachlasses scheint hinsichtlich des interessanten Lebenslaufs des „erfolgreichste[n] deutsche[n] Ausgräber[s] im Zeitalter der größten archäologischen Entdeckungen[...]"[3] erstaunlich, zumal auch der reiche Nachlass, der sich heute zum größten Teil im Stadtarchiv Wuppertal und den Archiven des Deutschen Archäologischen Instituts in Berlin und Athen befindet, aufschlussreiches Material birgt, dessen Auswertung sich nicht nur hinsichtlich der biografischen Aspekte lohnen könnte. Dies haben 2010 beispielsweise bereits Klaus Goebel und Chara Giannopoulou erkannt und die Wissenschaft um die Edition der von Dörpfeld autobiografisch in Kurznotizen zusammengestellten „Daten meines Lebens"[4] bereichert. Diese Edition diente auch einigen Beiträgen dieser Publikation als reichhaltige Quelle und soll laut Goebel „sowohl als Übersicht und Einführung wie auch als eine Art Selbstbildnis Dörpfelds [zu] dienen"[5]. Ein ähnliches Ziel möchte auch die nachfolgende

1 GOESSLER, P., *Ein Leben im Dienst der Antike*, Stuttgart 1951.

2 Bspw.: ECKHARDT, U., *Wilhelm Dörpfeld und Wilhelm II.*, in: Mitteilungen aus dem Heinrich-Schliemann-Museum 6 (1999), S. 145–154; VON GERKAN, A., *Wilhelm Dörpfeld* †, in: Gnomon 16 (9/1940), S. 426–429 (ND in ders.: Von antiker Architektur und Topographie S. 93ff.); HERRMANN, K., *Wilhelm Dörpfeld*, in: R. Lullies/W. Schiering (Hg.), Archäologenbildnisse. Porträts und Kurzbiographien von Klassischen Archäologen in deutscher Sprache, Mainz 1988, S. 112–113.

3 LÜCKEN, G. V., *Wilhelm Dörpfeld*, in: Neue Deutsche Biografie 4 (1959), Sp. 36.

4 GOEBEL, K./GIANNOLPOULOU, C. (Hg.), *Wilhelm Dörpfeld. Daten meines Lebens*, Patras 2010.

5 GOEBEL/GIANNOPOULOU, *Daten*, S. 17.

Edition eines im Wuppertaler Stadtarchiv bewahrten Fotoalbums[6] verfolgen. Das Dokument wurde in Auszügen bereits in den „Daten meines Lebens" publiziert, soll nun jedoch in Gänze ediert und kommentiert werden, sodass es öffentlich zugänglich als Grundlage zur weiteren Forschung dienen kann.

Textträgerbeschreibung

Das in Leder gebundene Bilderalbum umfasst inklusive der inneren Buchdeckel 62 nicht paginierte Seiten, wobei jede Einzelseite beklebt und somit genutzt wurde. Zwei Einzelseiten liegen dem Album lose bei. An welcher Stelle und ob diese Seiten ursprünglich eingebunden waren, ist nicht zu rekonstruieren. Da sie einseitig beklebt sind, ist jedoch eine nachträgliche Einlage wahrscheinlich. Das Bändchen weist eine ausgeschnittene Fehlseite auf. Lediglich die Beschriftung des Fotos am linken Rand ist erhalten.[7] Eine eingehende Untersuchung legt die Vermutung nahe, dass sich die herausgetrennte Fotografie an einer anderen Stelle des Albums wiederfindet.[8] Dies scheint wahrscheinlich, da betreffende Fotografie weder zeitlich noch inhaltlich zu ihrer Beschriftung passt. Die restlichen Seiten des Buches sind recto-verso mit 70 Fotografien, 14 Ansichtskarten sowie Buchausschnitten und einem Zeitungsartikel beklebt. Es handelt sich ausschließlich um Fotografien, die Orte und Begebenheiten in Griechenland und Kleinasien zeigen. Abgebildet sind Grabungsorte, an denen Dörpfeld tätig war, Arbeits- und Wohnorte, die er während seiner längeren Aufenthalte in Griechenland nutzte, sowie nicht selten Freunde, Familie und Arbeitskollegen. Die Beklebung der Seiten folgt keinem einheitlichen Muster, auch eine thematische Einteilung oder Chronologie der Abfolge lässt sich nicht klar herausarbeiten. Die Zeitspanne der Aufnahmen umfasst die Jahre von 1890 bis 1931. Fraglich bleibt, über welchen Zeitraum das Album erstellt wurde. So ist eine Fertigstellung zum Anlass des 50. Geburtstages von Dörpfelds jüngerer Schwester Christine von Rohden im Jahr 1912 höchst unwahrscheinlich, da sich die Fotos teilweise bis ins Jahr 1931 datieren lassen. Verfasser scheint jedoch auch über das Jahr 1912 hinaus Wilhelm Dörpfeld selbst gewesen zu sein, da auch die Fotos aus den Jahren bis 1931 durch seine Hand kommentiert wurden. Die letzten beiden Seiten enthalten jedoch Aufnahmen ohne Annotationen, und auch die Innenseite des Buchrückens lässt aufgrund der Eintragung des Namens „Reinhold Kaufmann"[9] in Bleistift durch fremde

6 Wuppertaler StA, NDS23, Kasten 8.
7 Vgl. S. 100 der Edition.
8 Vgl. S. 22 der Edition.
9 Vgl. S. 144 der Edition.

Hand sowie eine in rundem Format aufgeklebte Fotografie mit einem Gruß Wilhelm Dörpfelds aus dem Jahr 1904 darauf schließen, dass das Album durch einen weiteren Autor vervollständigt wurde.

Editorische Richtlinien

Das Dokument wird derzeit im Wuppertaler Stadtarchiv im NDS 23, Kasten 8 aufbewahrt. Der Nachlass ist nicht vollständig erschlossen und verzeichnet. Die vorliegende Edition bildet das Album daher in seiner physischen Gesamtheit nach, um dem Leser eine möglichst authentische Nutzung des Dokuments zu ermöglichen. Dazu wird jede Seite entsprechend ihrer Platzierung im Album recto-verso durch ein Faksimile abgebildet. Die Originalmaße der Einzelseiten mussten dem Druckmedium angepasst werden, die Seitenverhältnisse wurden jedoch beibehalten und die jeweiligen Maße des Originals den Einzelkommentaren vorangestellt. Die Transkription der Annotationen wird dem Faksimile jeweils gegenübergestellt. Sie erfolgt in Form einer diplomatischen Umschrift, die um eine möglichst mimetische Abbildung bemüht ist. Unterschiedliche Hände oder Schreibstoffe werden durch einen Editorenkommentar in eckigen Klammern „[...]" vermerkt. Weitere Drucktypen werden durch eine abweichende Schriftart kenntlich gemacht. Unter der Transkription erfolgt ein Kommentar, der gegebenenfalls auf Besonderheiten des Textträgers eingeht und die Einzeldokumente in Dörpfelds Leben einzuordnen sucht. Abgebildete Personen werden nicht gesondert, sondern in einem angehängten Personenregister aufgeführt, wobei neben den Lebensdaten und der Profession möglichst auch die persönliche Beziehung zu Wilhelm Dörpfeld erläutert wird. Da sich im Kommentar einige in Dörpfelds Leben wichtige Orte, Grabungskampagnen und Sachverhalte doppeln, wurden Globalkommentare angelegt, die nur bei der Ersterwähnung vollständig erscheinen. Bei einer erneuten Erwähnung wird mit einem Verweissystem gearbeitet.

Der kommentierten Edition ist neben dem Literaturverzeichnis ein kommentiertes Personenregister angehängt.

Ziel der Edition

Ziel der Edition ist es, das im nicht erschlossenen Nachlass bewahrte Archivstück Nutzern zugänglich zu machen, die Materialität und Medialität durch eine Edition des Dokuments in seiner physischen Gesamtheit mit zu transportieren und mit einer sowohl beschreibenden als auch kontextualisierenden Kommentierung zur Erhellung der primären und sekundären Dunkelheit beizutragen.

Historischer Kontext

Das vorliegende Bilderalbum ist mit den Worten „Meiner lieben Schwester Christine zum 50. Geburtstage am 14. Juli 1912" Christine von Rohden gewidmet. Diese Widmung auf der erste Albumseite unterschreibt ihr jüngerer Bruder Wilhelm Dörpfeld mit seinem vollen Namen. Ob das insgesamt 32 Doppelseiten umfassende Album jemals übereignet wurde, bleibt aufgrund von noch 1931 hinzugefügten Fotografien allerdings rätselhaft. Zu seiner Schwester Christine von Rohden ist wenig bekannt. Sie lebte von 1862 bis 1946 und war mit Carl Wilhelm von Rohden (1860–1901), dem Bruder des Ehemanns ihrer Schwester Agnes (1858–1907), Gustav von Rohden (1855–1942), verheiratet.[10] Nach dem Tod der gemeinsamen Schwester Anna Carnap am 7. Januar 1924 lebte Wilhelm Dörpfeld zeitweise bei ihr in Jena.[11] Sie war außerdem die Mutter von Gertrud von Rohden, genannt Traudel, die Dörpfeld als Sekretärin und Haushälterin in den letzten Lebensjahren begleitete. Bei seinem Tode auf Leukas war Christine von Rohden anwesend.[12]

10 Goebel/Giannopoulou, *Daten*, S. 15.

11 Kluwe, E., *Dörpfelds Wirken in Jena 1912–1919*, in: Geschichte in Wuppertal 13 (2004), S. 96–110, bes. S. 98.

12 Goebel/Giannopoulou, *Daten*, S. 14–15.

Edition

Einband

[Außenmaß: 16,0 x 20,0 cm]

Das Fotoalbum ist mit einem lederähnlichen Material eingebunden, das verschiedene Schmuckelemente enthält. Der Einband weist einige Abnutzungsspuren an den Ecken und Kanten auf. Der Buchdeckel ist aufgrund der zahlreichen eingeklebten Fotografien leicht gewölbt.

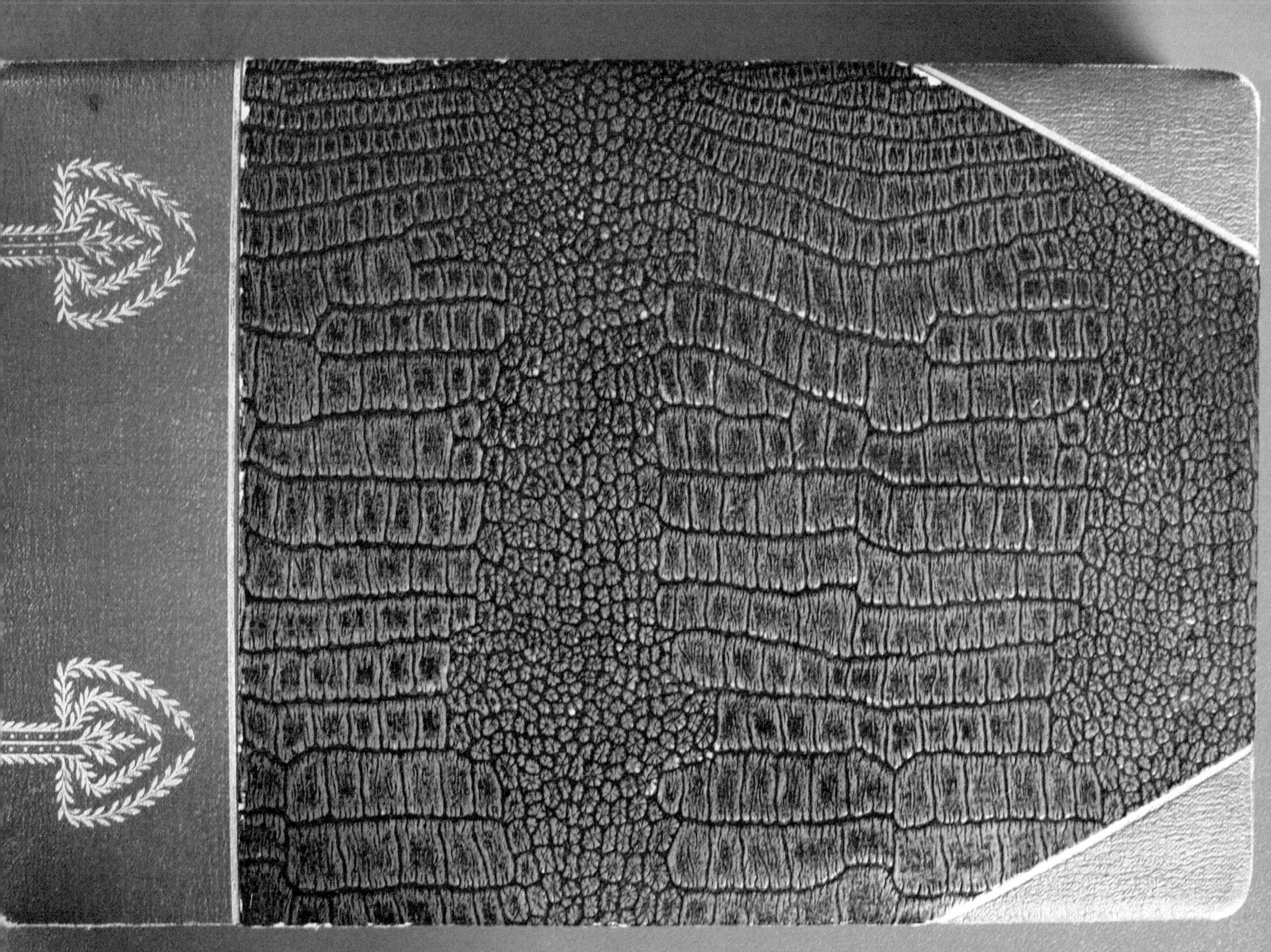

Korinth, Akrokorinth und Athena-Tempel

Corinth, Acrocorinth and the temple of Athena

Einband (innen)

[15,3 x 19,5 cm]

Korinth, Akrokorinth und Athena-Tempel   Corinth, Acrocorinth and the temple of Athena

Im Februar 1886 grub Dörpfeld zum ersten Mal in Korinth.[1] Die auf dem Ausschnitt abgebildeten Überreste des um 560 erbauten Apollonheiligtums werden hier noch als Tempel der Athena bezeichnet.[2]

Zur Bestimmung der Weihung schreibt Dörpfeld:

Welchem Gott oder vielmehr welchen Göttern der Tempel geweiht war, ist unbekannt; vermuthungsweise hat man ihn zuweilen der Athena Chalinitis zugeschrieben. Leider haben die Ausgrabungen keinerlei neuen Anhaltspunkt zur directen Bestimmung der Inhaber geliefert: nur zwei werthlose Inschriftenstücke und einige Fragmente von Marmorstatuen sind gefunden worden.[3]

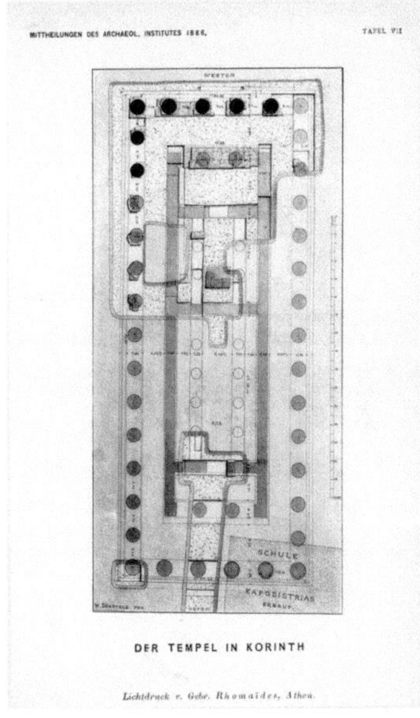

Abb. 1: Der Tempel in Korinth.

1 Goebel/Giannopoulou, *Daten*, S. 15; S. 37.
2 Scheer, R., *Korinth*, in: S. Lauffer (Hg.): Griechenland. Lexikon der historischen Stätten – Von den Anfängen bis zur Gegenwart, München 1989, S. 338–343.
3 Dörpfeld, W., *Der Tempel in Korinth*, in: Athenische Mitteilungen (1886), S. 297–310, S. 305.

Seite 1 | Widmung

Stadtarchiv
Wuppertal

NDS 23
[Bleistift, fremde Hand]

Meiner lieben Schwester Christine

zum 50. Geburtstage am 14. Juli 1912.

von Wilhelm Dörpfeld.

Rechts oben befindet sich ein Stempel des Stadtarchivs Wuppertal. Darunter eine Eintragung fremder Hand mit Bleistift: NDS 23. Dabei handelt es sich um die Signatur des Nachlasses von Wilhelm Dörpfeld im Stadtarchiv Wuppertal.

Bei der in der Widmung genannten „Christine" handelt es sich um Christine von Rohden geb. Dörpfeld. Sie war die Ehefrau Carl Wilhelm von Rohdens und die Schwester Wilhelm Dörpfelds.[1]

Anders als im Titel angegeben, finden sich in dem Fotoalbum auch Bilder eines späteren Datums. Die Änderungen und Ergänzungen wurden größtenteils durch die Hand Dörpfelds durchgeführt.

1 Goebel/Giannopoulou, *Daten*, S. 15.

Meiner lieben Schwester Christine

zum 50. Geburtstage am 14. Juli 1912.

von Wilhelm Dörpfeld.

inth, Ak

Seite 2 | Haus in Nidri

Skaros-Berg

[9,4 x 15,0 cm]

Neue Veranda

unser früheres Haus in Nidri

Während seiner ersten Aufenthalte auf der griechischen Insel Leukas bewohnte Wilhelm Dörpfeld das hier abgebildete Haus. Seit Juli 1908 nutzte er dann das ihm von Kaiser Wilhelm II. übertragene sogenannte Kaiserhaus.[1]

Über den Besuch des Kaisers und die Umstände der Schenkung berichtet Dörpfeld:

Der Kaiser stellte seinen Besuch von Leukas in Aussicht und hat dies Versprechen tatsächlich am 4. Mai 1908 ausgeführt.[2]

Der Bericht endet mit den Worten:

Der Kaiser hatte die Gnade, mir für Leukas eine Döckersche Baracke zu schenken, die ich oberhalb Hagia Kyriaki aufstellen lassen werde.[3]

Der im Hintergrund liegende Skaros-Berg ist im Nord-Osten der Insel Leukas zu finden.[4]

1 Goessler, *Dörpfeld*, S. 140–141.

2 Dörpfeld, W., *Leukas-Ithaka IV*. Abrufbar unter: arachne.dainst.org/entity/6136743, S. 252.

3 Dörpfeld, *Leukas-Ithaka IV.*, S. 260.

4 Strauch, D., *Leukas, Leukadia*, in: Der Neue Pauly 7 (1999), Sp. 101–103.

Seite 3 | Ausgrabung am Gorgo-Tempel auf Korfu

`Ausgrabung am Gorgo-Tempel auf Korfu.`

[12,0 x 17,5 cm] `Buresch` [blaue Tinte, auf der Fotografie]

`Dr. zur Nieden.`
`v. Palleske W.D. v. Plessen`
`Königin Sophia Adjutant Kaiser v. Kessel v. Chelius`

Die Fotografie zeigt eine Gruppe von Grabungsteilnehmenden und deren Begleitung während der Kampagne von 1893 in Hissarlik – dort lokalisierten Heinrich Schliemann, Wilhelm Dörpfeld und Andere das homerische Troja[1]. Die Überschrift ordnet die Abbildung jedoch fälschlicherweise einer Grabung am Gorgo-Tempel zu. Die Personenbezeichnungen unter dem Bild sind daher größtenteils unzutreffend. Das Bild ist aufgrund der Ablichtung Karl Bureschs, der 1893 zwar mit Dörpfeld in Troja, Samothrake, Pergamon sowie Smyrna arbeitete, während der Ausgrabungen auf Korfu jedoch bereits verstorben war, auf das Jahr 1893 zu datieren.[2] Die korrekte Benennung der abgebildeten Personen kann der Rückseite des Bildes entnommen werden. Auf dem Bild sind von links nach rechts in der ersten Reihe Frau Wilberg, Gustav Hirschfeld, Marianne Wilberg, Hans Dörpfeld und Adolf Kußmaul zu sehen. Dahinter befinden sich Wilhelm und Anna Dörpfeld sowie Professor Hermann Winnefeld. In der dritten Reihe sind Professor Philios, der seit 1882 in Troja grub,[3] Professor Botho Graef, V. Below, Hugo Blümner sowie Karl Buresch abgebildet. Angefertigt wurde das Bild vermutlich von Dörpfelds Assistenten Wilhelm Wilberg,[4] der zwar an der Ausgrabung beteiligt war, allerdings nicht auf dem Foto zu sehen ist.

1 Stenger, J., *Troia*, in: Der Neue Pauly 12/1 (2002), Sp. 857.
2 Buresch, K., *Aus Lydien. Epigraphisch-geographische Reisefrüchte*, Leipzig 1989.
3 Goessler, *Dörpfeld*, S. 51.
4 Goessler, *Dörpfeld*, S. 105.

Ausgrabung am Gorgo-Tempel auf Korfu.

Dr. zur Nieden
Königin Sophia
v. Palleske
Adjutant
W. D.
Kaiser
v. Plessen
v. Kessel
v. Chelius

Ausgrabung am Kardaki-Tempel
auf Korfu.

Kaiser

Seite 4 | Ausgrabung am Kardaki-Tempel auf Korfu I

[8,6 x 14,3 cm]

Ausgrabung am Kardaki-Tempel
auf Korfu.
Kaiser

Corfu ´40 [Rückseite, fremde Hand]

Wilhelm Dörpfeld grub auf Korfu, nachdem er die Insel im September 1877 erstmalig während einer Rundreise besucht hatte, in vier Kampagnen: Im April 1911[1] begann er gemeinsam mit Kaiser Wilhelm II. u.a. mit den Grabungen am „Gorgo-Tempel", die er in den Jahren 1912, 1913 (ohne den Kaiser) und 1914 fortführte.[2] Die Fotografie zeigt Wilhelm II., was nahelegt, dass es sich bei der abgebildeten Kampagne um eine aus dem Jahr 1912 oder 1914 handelt. Nach den ersten vier Kampagnen grub Dörpfeld ab 1932 ein weiteres Mal auf Korfu, diesmal in Paläokastritsa.[3]

1 Goebel/Giannopoulou, *Daten*, S. 29.
2 Goebel/Giannopoulou, *Daten*, S. 62–65.
3 Goebel/Giannopoulou, *Daten*, S. 98f.

Die hier abgebildeten Überreste des Kardaki-Tempels, 1822 durch die Engländer entdeckt, lagen auf dem Sitz des griechischen Königshauses auf Korfu (Mon Repos). In seinen Erinnerungen an Korfu berichtet Wilhelm II.:

In den letzten Jahren vor dem Kriege gab König Georg mir und Dörpfeld die Erlaubnis, auch im Park seines Schlosses „Monrepos" Ausgrabungen zu veranstalten. Dort wurde zuerst der reizvolle kleine Tempel von Kardaki wieder freigelegt.[4]

4 Wilhelm II., *Erinnerungen an Korfu*, Berlin–Leipzig 1924, S. 128.

Seite 5 | Ausgrabung am Kardaki-Tempel auf Korfu II

[8,6 x 14,3 cm]

Ausgrabung des Tempels von Kardaki auf Korfu.

Kaiser

König
Konstantin

v. Wangenheim
Botschafter

Corfu `33 [Rückseite, fremde Hand]

Auf dem Bild sind der Hausherr König Konstantin I. sowie Kaiser Wilhelm II. und der Botschafter Hans Freiherr von Wangenheim abgebildet. Nach dem Tod König Georgs übernahm Konstantin I. den griechischen Thron. Da auch Kaiser Wilhem II. bei der Grabung anwesend war, lässt sich die Fotografie auf das Jahr 1914 datieren.

Dörpfeld berichtet:

Am Mittwoch 1. April besuchte der Kaiser Nachm. zuerst Monrepos. Am Tempel auch die griech. Königsfamilie. Dann über Dörpfeldstraße zum Gorgo-Tempel.[1]

Zu den Ausgrabungen auf Korfu s. *Ausgrabung am Kardaki-Tempel auf Korfu I* (Seite 4).

1 Dörpfeld, W., *Korfu. Ausgrabungen 1912.* Abrufbar unter: arachne.dainst.org/entity/6134268, S.147.

Ausgrabung des Tempels von Kardaki auf Korfu.

Kaiser

König
Konstantin

v. Wangenheim
Botschafter

Kaiser
Ausgrabung des Tempels von Kardaki auf Korfu
Prinzessin Helene
Dr. Romaios

Seite 6 | Ausgrabung am Kardaki-Tempel auf Korfu III

[8,8 x 14,6 cm]

Kaiser Prinzessin Helene — *Ausgrabung des Tempels von Kardaki auf Korfu* — *Dr. Romaios* [Bleistift]

Links im Bild sitzt Kaiser Wilhelm II., mit dem Rücken zum Fotografen steht die griechische Prinzessin Elena. Rechts im Bild, neben einer gekippten Säule, ist der griechische Archäologe Konstantinos Rhomaios, der u.a. für die Aufnahme und Inventarisierung der Funde für das Museum zuständig war, zu sehen.[1]

Über den Beginn der Grabung schreibt Dörpfeld in seinem Grabungstagebuch:

2. Tempel von Kardaki
Der 1822 von den Engländern entdeckte und ausgegrabene Tempel war allmählich wieder mit Erde verschüttet, nachdem die Säulen (mit Ausnahme der südwestlichen) umgefallen waren. Der König erlaubte die Reinigung des Tempels mit seinen Gärtnern, kam mittags und gestattete die weitere Ausgrabung mit unseren Arbeitern. Am Nachm. kam der Kaiser. Die Ringhallen an beiden Langseiten wurden freigelegt 2 Stufen und Euthynteria. Säulentrommeln sind gefallen, nur eine einzige steht noch aufrecht.[2]

Zur Grabung auf Korfu s. *Ausgrabung am Kardaki-Tempel auf Korfu I* (Seite 4).

1 Wilhelm II., *Erinnerungen an Korfu*, S. 97.

2 Dörpfeld, W., *Korfu. Ausgrabungen 1912.* Abrufbar unter: arachne.dainst.org/entity/6134268, S. 75.

Einzelbild | Bibliothek des DAI

[12,4 x 17,9 cm]

Bei der Fotografie handelt es sich um ein loses Einzelbild, das nicht fest im Album integriert ist. Die Platzierung des Dokuments im Buch ist somit variabel und dem Fotoalbum daher nicht eindeutig zuzuordnen.

Abgebildet ist die Bibliothek des DAI Athen mit Blick in den Lesesaal. Das Gebäude wurde durch Heinrich Schliemann 1888 nach den Plänen Ernst Zillers und Wilhelm Dörpfelds erbaut.[1] Im Mai 1899 erfolgte der Anbau einer neuen Bibliothek an das ursprüngliche Gebäude.[2]

1 Jantzen, U., *Einhundert Jahre Athener Institut. 1874-1974,* Mainz 1986, S. 29.
2 Goebel/Giannopoulou, *Daten*, S. 50.

Seite 7 | Erechtheion

[14,3 x 13,8 cm]

Der hier abgebildete ionische Tempel auf der Akropolis in Athen aus dem ausgehenden 5. Jahrhundert v. Chr. war ein Forschungsobjekt Wilhelm Dörpfelds.[1] Dort begann er im Juli 1885 gemeinsam mit Ernst Fabricius[2], Reisestipendiat des DAI, mit der Freilegung des Erechtheion.[3] 1887 fand seine Arbeit auf der Akropolis eine Fortsetzung, diesmal jedoch an einem mykenischen Bau östlich des Erechtheion.[4]

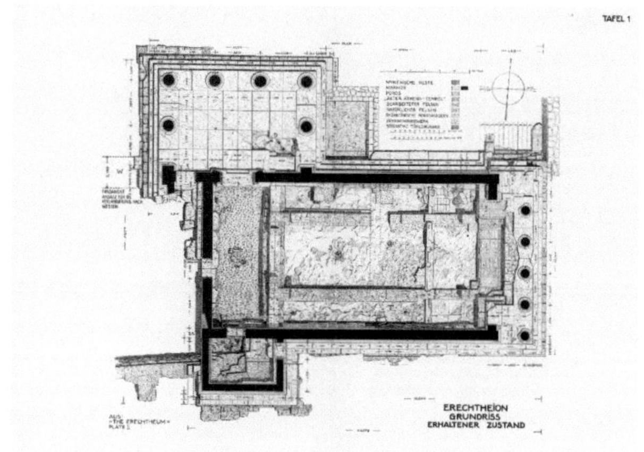

Abb. 2: Plan des Erechtheion nach Wilhelm Dörpfeld.

1 Vgl. dazu seine Publikation: Dörpfeld, W./Schleif, H., *Erechtheion*, Berlin 1942.

2 Schleiermacher, W., *Fabricius, Ernst*, in: Neue Deutsche Biographie 4 (1959), S. 733–734.

3 Goebel/Giannopoulou, *Daten*, S. 36.

4 Goebel/Giannopoulou, *Daten*, S. 38–39.

General v. Plessen | Königin Olga | Bürgermeister v. Korfu | Kaiser | Prefekt v. Korfu | Barke

Abreise des Kaisers von Korfu
Abschied am Hafen

Seite 8 | Abfahrt des Kaisers von Korfu I

[8,4 x 14,0 cm]

`Königin Olga` · `Kaiser` · `General v. Plessen` · `Bürgermeister v. Korfu` · `Prefekt v. Korfu` · `Barke`

`Abreise des Kaisers von Korfu`
`Abschied am Hafen`

Die abgebildete Szenerie zeigt die Abfahrt Wilhelms II. von Korfu. Bei der Verabschiedung des Kaiserpaars ist neben dem Bürgermeister sowie dem Präfekten von Korfu auch das griechische Königspaar anwesend. Zudem ist Hans von Plessen, der Generaladjutant Wilhelms II., abgebildet.

Der damalige Kaiser erwarb auf Korfu im Jahr 1907 das Achilleion, einen ursprünglich durch Kaiserin Elisabeth von Österreich-Ungarn erbauten Palast.[1] Dort verbrachte Wilhelm II. die Sommermonate und grub gemeinsam mit Dörpfeld in mehreren Kampagnen auf der Insel.[2] Als bedeutendster Fund ist sicherlich das Relief der Gorgo zu nennen.

Zu den Grabungskampagnen auf Korfu s. *Ausgrabung am Kardaki-Tempel auf Korfu I* (Seite 4).

1 Wilhelm II., *Erinnerungen an Korfu*, S. 11.
2 Link 1.

Seite 9 | Abfahrt des Kaisers von Korfu II

[8,4 x 14,0 cm]

Bürgerm.	Königin	König
v. Korfu	Olga	Georg

Abfahrt des Kaisers

S. *Abfahrt des Kaisers von Korfu I* (Seite 8).

Bürgerm. v. Korfu Königin Olga König Georg

Abfahrt des Kaisers

Abfahrt des Kaisers von Korfu

Seite 10 | Abfahrt des Kaisers III

[8,5 x 14,3 cm]

Abfahrt des Kaisers von Korfu

Corfu 8 [Rückseite, fremde Hand]

Über seine Zeit auf Korfu berichtet Wilhelm II.:

Auch der Aufenthalt auf Korfu gewährte mir die Freude, der Archäologie zu dienen und mich persönlich mit Ausgrabungen zu beschäftigen. Der zufällige Fund des Reliefshauptes einer Gorgo in der Nähe der Stadt Korfu veranlaßte mich, die Arbeiten selbst in die Hand zu nehmen. Ich berief zu meiner Unterstützung den bewährten Ausgraber und Kenner griechischer Altertümer Professor Dörpfeld, der die Leitung der Ausgrabungen übernahm. Der ebenso wie ich für das Hellenentum der Antike begeisterte Gelehrte ist im Laufe der Jahre für mich zu einem treuen Freund und unschätzbaren Quell für Belehrung über die Baukunst, Stilfragen usw. bei den alten Griechen und Achäern geworden.[1]

S. *Abfahrt des Kaisers von Korfu I* (Seite 8).

1 Wilhelm II., *Ereignisse und Gestalten 1878–1918*, Berlin 1922, S. 169.

Seite 11 | Ausgrabung am Kardaki-Tempel auf Korfu IV

[8,5 x 14,1 cm]

Kardaki-Tempel auf Korfu.
(nach der Ausgrabung)

Der Tempel von Kardaki (Korfu) nach der Ausgrabung 1912 [Rückseite, Dörpfelds Hand]
Corfu 24. [Rückseite, fremde Hand]

Zu den Grabungskampagnen auf Korfu s. *Ausgrabung am Kardaki-Tempel auf Korfu I* (Seite 4).

Abb. 3: Heutiger Zustand des Kardaki-Tempels.

Kardaki-Tempel auf Korfu.
(nach der Ausgrabung)

Kaiserhaus und Museum
auf Leukas.

Seite 12 | Kaiserhaus auf Leukas I

[8,0 x 13,5 cm]

Kaiserhaus und Museum auf Leukas.

Seit Juli 1908 bewohnte Wilhelm Dörpfeld das Kaiserhaus, ein Geschenk Kaiser Wilhelms II., errichtet auf der Nymphenhöhe über der Kapelle der Hagia Kyriaki.[1] Bei besagtem Haus handelt es sich um ein in Deutschland gefertigtes Haus, das im Juli 1908 nach Leukas übersendet wurde.[2]

Über den Aufbau berichtet Dörpfelds Mitarbeiter Fritz Weege im Grabungstagebuch:

3. Woche vom 13.–19. Juli 1908
Die Grabungen dieser Woche beschränkten sich auf eine einzige Stelle und wurden von erst zwei, dann vier Arbeitern ausgeführt unter meiner Aufsicht, da die übrigen Arbeiter mit den beiden Aufsehern alle zur Ausladung, Auspackung, Aufrichtung des am 11. Juli eingetroffenen, vom Kaiser geschenkten transportablen Hauses verwendet wurde, das von Herrn Bartsch mit ihrer Hilfe im Lauf dieser Woche aufgeschlagen wurde.[3]

1 Goebel/Giannopoulou, *Daten*, S. 59–60.
2 Rüter, H., *Mit Dörpfeld nach Leukas-Ithaka*, in: Jahresbericht des königlichen Domgymnasiums in Halbrestadt, 1910 bis 1911, S. 21.
3 Dörpfeld, *Leukas-Ithaka IV*, S. 276.

Seite 13 | Mykene

[15,4 x 19,8 cm]

Mykene, das „Grab des Agamemnon"

Mycenae, the „Tomb of Agamemnon"

Der Ausschnitt mit der Bildunterschrift *Mykene, das „Grab des Agamemnon"* überklebt eine Beschriftung. Ursprünglich wurde vermutlich ein anderes Foto auf dieser Seite platziert: *Ebene von Nidri und Hafen der Stadt Ithaka (Dörpfeld-Halbinsel mit Kaiserhaus).*

Mykene ist eine bronzezeitliche Stadt auf der Peloponnes, die Wilhelm Dörpfeld erstmalig im April 1880 gemeinsam mit Friedrich Adler auf einer Rundreise besuchte.[1] Ausgrabungen nahm er erst später gemeinsam mit Heinrich Schliemann vor, der bereits seit 1869 in Mykene forschte.[2]

1 Goebel/Giannopoulou, *Daten*, S. 31.
2 Schiering, W., *Mykene*, in: Der Neue Pauly, 15/1 (2003), Sp. 603–611.

Mykenae, das »Grab des Agamemnon« Mycenae, the »Tomb of Agamemnon«

Molo von Madúri
mit W. D., Oberst von Diest, Herr + Frau Gößler

↑ Kaiserhaus

↑ Neriton-gebirge

↑ Dorf Nidri

Seite 14 | Molo von Maduri

[9,5 x 16,3 cm]

Molo von Maduri
mit W.D., Oberst von Diest, Herr + Frau Gößler

Kaiserhaus *Neriton-Gebirge* *Dorf Nidri*

Die Fotografie zeigt den Blick von der Insel Madouri, die zwischen Leukas und dem Festland liegt, auf Leukas und das dort im Schatten des Neriton-Gebirge liegende Kaiserhaus. Entstanden ist das Bild vermutlich im Jahr 1910, da Walter von Diest Wilhelm Dörpfeld im Frühjahr 1910 auf Leukas besuchte.[1] Links steht Wilhelm Dörpfeld, daneben Walter von Diest und die kniende Hedwig Goessler neben ihrem Ehemann Peter Goessler.

Zum Kaiserhaus s. *Kaiserhaus auf Leukas* (Seite12).

Abb. 4: Peter Goessler und Wilhelm Dörpfeld.

1 Diest, W. von, *Geschichte der Familie von Diest*, Kolberg in Pommern 1926, S. 316.

Seite 15 | Königsgrab Leukas

[11,4 x 16,7 cm]

Königsgrab auf Leukas
Angelis W.D.

Links im Bild steht Angelis Kosmopoulos, ein langjähriger Freund und Mitarbeiter Wilhelm Dörpfelds. Ihre erste Begegnung fand 1879 während der Grabung in Olympia statt, bei der Kosmopoulos zunächst als einfacher Arbeiter und später als Hilfsaufseher tätig war. Ursprünglich stammt Kosmopoulus aus Arkadien.[1] Rechts außen im Bild steht Dörpfeld selbst.

Dörpfeld grub von 1908[2] bis 1913 insgesamt 33 Rundgräber in der Nidri-Ebene auf Leukas aus, die er als Königsgräber bezeichnete.[3] Bei dem hier abgebildeten Grab handelt es sich um R 26, das Grab mit dem größten Durchmesser.[4]

Abb. 5: Wilhelm Dörpfeld und Angelis Kosmopoulos.

1 GOESSLER, *Dörpfeld*, S. 32–33.
2 GOEBEL/GIANNOPOULOU, *Daten*, S. 59.
3 DÖRPFELD, W./GOESSLER, P., *Alt-Ithaka. Ein Beitrag zur Homer-Frage. Studien und Ausgrabungen auf der Insel Leukas-Ithaka*, Bd. I und II, München-Gräfelfing 1929, S. 217–250.
4 DÖRPFELD/GOESSLER, *Alt-Ithaka*, S. 243–247.

Königsgrab auf Leukas

Angelis W. D.

Blick vom Kaiserhause auf Nidri-Ebene

(Margarete Lisco)
Frau Delhaes

Seite 16 | Blick vom Kaiserhaus

[7,4 x 13,6 cm]

Blick vom Kaiserhaus auf Nidri-Ebene

(Margarete Lisco)
Frau Delhaes

Mit Blick zum Fotografen und auf das Kaiserhaus zeigt das Bild Wilhelm Dörpfelds Nichte Margarete Delhaes (geb. Lisco). Dieses sowie das folgende Bild (Seite 17) sind im Zuge der Rundreise Dörpfelds mit seiner Tochter sowie seinen Nichten im Jahr 1909 entstanden.[1]

Aufgrund des Ersten Weltkriegs musste Dörpfeld Leukas im Mai 1914 verlassen und konnte erst im März 1921 dorthin zurückkehren. Aus diesem Grund verkaufte er das Haus an Georgios Kosmopoulos, den Sohn seines Freundes Angelis.[2] Auch war Georgios Kosmopoulus, ebenso wie sein Vater, Aufseher zahlreicher Dörpfeldscher Grabungen. Dessen spätere Frau Alice Walker richtete das während des Krieges geplünderte und nicht gepflegte Haus neu ein. 1922 taucht das Haus in den *Daten meines Lebens* unter dem Namen Dörpfeld-Haus wieder auf.[3] 1932 verlegte Dörpfeld seinen Hauptwohnsitz nach Leukas und verstarb dort schließlich am 25. April 1940.

Zum Kaiserhaus auf Leukas s. *Kaiserhaus auf Leukas* (Seite 12).

1 Goebel/Giannopoulou, *Daten*, S. 60–61.
2 Goebel/Giannopoulou, *Daten*, S. 72.
3 Goebel/Giannopoulou, *Daten*, S. 74.

Seite 17 | Kaiserhaus auf Leukas II

[7,4 x 13,5 cm]

Kaiserhaus auf Leukas
Agnes Dörpfeld, Olympia Graef
Margar. Lisco

Auf dem Anfang Mai 1909 entstandenen Bild sitzt links Dörpfelds Tochter Agnes, dahinter steht seine Nichte Olympia Graef. Rechts sitzend ist seine Nichte Margarete Delhaes (geb. Lisco) zu sehen.[1]

Zum Kaiserhaus auf Leukas s. *Kaiserhaus auf Leukas* (Seite 12).

Abb. 6: Ausschnitt der Fotografie.

1 Goebel/Giannopoulou, *Daten*, S. 60–61.

Kaiserhaus auf Leukas
Agnes Dörpfeld, Olympia Graef
Margar. Lisco

Seite 18 | Grabung in Troja

[11,5 x 9,3 cm]

Mittig stehend ist Heinrich Schliemann abgebildet, zu seiner Rechten steht Rudolf Virchow und zu seiner Linken Wilhelm Dörpfeld. Ein Besuch Virchows auf der Trojagrabung ist für das Frühjahr 1890 belegt, das Jahr, in dem Schliemann und Dörpfeld ihre letzte gemeinsame Grabung durchführten.[1] Der Prähistoriker und Mediziner Rudolf Virchow (1821–1902) gehörte zu den Förderern Heinrich Schliemanns.

Von März bis Juli 1882 nahm Wilhelm Dörpfeld erstmalig und auf direkten Wunsch Heinrich Schliemanns an den Ausgrabungen auf dem Siedlungshügel Hissarlik teil.[2] Im Zuge dieser ersten Kampagne konnte die zweite Siedlungsschicht freigelegt werden, die Schliemann fälschlicherweise mit dem homerischen Troja zu identifizieren suchte.[3] Im März 1890 reiste Dörpfeld zur zweiten Grabungskampagne nach Troja, bei der es sich um die letzte Grabung des im Dezember 1890 verstorbenen Heinrich Schliemann handeln sollte. Auch nach dem Tod seines Freundes Schliemann setzte Dörpfeld die Ausgrabungsarbeiten in Troja fort. Von Mai bis Juni 1893 erfolgte gemeinsam mit Brückner, Weigel und Wilberg eine Wiederaufnahme der Grabungen. Diese konnten auch im darauf folgenden Jahr in Zusammenarbeit mit Schmidt, Götze, Winnefeld und Wilberg fortgesetzt werden. In den Jahren 1895 bis 1906 besuchte Dörpfeld Troja im Anschluss an seine Inselreisen und führte dort die Teilnehmer durch die Ausgrabung. Im Mai 1932 reiste er erneut für eine dreiwöchige Grabung nach Troja, die er 1933 mit Hans Schleif sowie amerikanischen Archäologen fortführte. Dörpfeld identifizierte das homerische Troja in Schicht VI und stellte die Bedeutung der vielen Siedlungsschichten des Hügels Hissarlik heraus.[4] Zwar wurde seine These des homerischen Trojas widerlegt, sein Verdienst um die „Rettung" der Schliemannschen Grabungen durch die Mitetablierung einer exakten Grabungsmethodik wird bis heute jedoch positiv bewertet.

1 Goebel/Giannopoulou, *Daten*, S. 157.
2 Goebel/Giannopoulou, *Daten*, S. 41–48, S. 97–99.
3 Flügge, M., *Heinrich Schliemanns Weg nach Troja. Die Geschichte eines Mythomanen*, München 2001, S. 220.
4 Dörpfeld, W., *Troia und Ilion. Ergebnisse der Ausgrabungen in den vorhistorischen und historischen Schichten von Ilion 1870–1894*, 2 Bde., Athen 1902.

Seite 19 | Olympia

[9,0 x 13,9 cm]

W. D. mit seinen Nichten in Olympia
am Zeus-Tempel

Olympia 1909 [Rückseite]

Von links abgebildet sind Agnes Dörpfeld, Margarete Lisco, Olympia Graef sowie Wilhelm Dörpfeld. Die Gruppe sitzt auf den Säulen des Zeus-Tempels.

Im September 1877 erhielt Dörpfeld seine erste Anstellung bei den Ausgrabungen in Olympia und forschte im Folgejahr am Heraion. 1879 war er sowohl bei Grabungen tätig als auch mit der Anfertigung von Zeichnungen für Adlers Olympia-Bericht beschäftigt. Im Frühjahr 1880 arbeitete er zunächst wieder in Olympia, bevor er den Grabungsort für den Sommer verließ und erst im September zurückkehrte. Im Januar 1881 begann er dann die zunächst letzte Grabungskampagne.[1] Erst im April des Jahres 1906 kehrte er zu den Grabungen nach Olympia zurück und stellte weitere Untersuchungen am Heraion und Pelopion an.[2] Die Arbeiten setzte er in den Frühjahren 1907, 1908 und 1909 fort. Auf die zuletzt genannte Kampagne nach Olympia begleiteten ihn seine beiden Nichten Magarete Lisco und Olympia Graef sowie seine Tochter Agnes.[3]

Im Mai 1922 nahm Dörpfeld seine Grabungen in Olympia gemeinsam mit Buschor, Schweitzer sowie seinem langjährigen Freund Angelis Kosmopoulos ein weiteres Mal wieder auf und setzte sie im Mai 1923 fort. Auch in den folgenden Jahren besuchte er Olympia – ob für einige Tage oder im Zuge seiner Rundreisen – regelmäßig, bis er Mitte Dezember 1927 bis ins neue Jahr 1928 seine Grabungen am Heraion wieder aufnahm. Seit Mai 1928 erfolgten weitere Arbeiten mit seinem Schüler Hans Schleif, die im Oktober/November 1929 ihre Fortsetzung fanden.[4]

1 Sinn, *Olympia*, in: Der Neue Pauly 15/1 (2003), Sp. 1166–1174; Goebel/Giannopoulou, *Daten*, S. 30f.

2 Goebel/Giannopoulou, *Daten*, S. 57, s. a. Dörpfeld, W., *Alt-Olympia. Untersuchungen und Ausgrabungen zur Geschichte des ältesten Heiligtums von Olympia und der älteren griechischen Kunst*, Bd. 1 und 2, Berlin 1935.

3 Goebel/Giannopoulou, *Daten*, S. 58–60.

4 Goebel/Giannopoulou, *Daten*, S. 87–92.

W. D. mit seinen Nichten in Olympia
am Zeus-Tempel

W. D.
in Pergamon
mit seinem Pathenkinde
Penelope Tsolakidis
und ihren beiden
Schwestern
Andromache +
Andronike

Seite 20 | Mit dem Patenkind in Pergamon

W. D.
in Pergamon
mit seinem Pathenkinde
Penelope Tsolakidis
und ihren beiden
Schwestern
Andromache +
Andronike

[9,0 x 13,9 cm]

Die hier abgebildete Penelope Tsolakidis war das Patenkind Dörpfelds und die Tochter des Inspektors für pergamonische Altertümer, Dimitrios Tsolakidis (†1908).[1]

Bereits im Sommer 1879 sollte Dörpfeld auf Wunsch von Conze in Pergamon in der Westtürkei als Assistent von Humann tätig sein, was jedoch durch seinen Vorgesetzten Friedrich Adler nicht genehmigt wurde.[2] Im Herbst 1886 sowie im November 1900 stattete Dörpfeld der Ausgrabung in Pergamon Besuche ab.[3] Im folgenden Jahr, 1901, leitete er schließlich selbst die Grabungen in Pergamon von September bis November gemeinsam mit Alexander Conze und Hermann Thiersch.[4] Auch in den kommenden Jahren (1902–1911) widmete er die Monate September bis November den Grabungen in Pergamon.[5]

1 Goessler, *Dörpfeld*, S. 146.
2 Goebel/Giannopoulou, *Daten*, S. 30.
3 Goebel/Giannopoulou, *Daten*, S. 37; S. 51.
4 Goebel/Giannopoulou, *Daten*, S. 52.
5 Goebel/Giannopoulou, *Daten*, S. 53–63.

Seite 21 | Sammlung von Bildern

[6,8 x 10,6 cm]

Kaiserhause auf Leukas-Ithaka

[6,5 x 5,4 cm]

Gallerie in der Burgmauer von Tiryns

[6,8 x 10,6 cm]

Kaiserhause auf Leukas-Ithaka

[Auf rechtem Bild]

Das Bild oben links zeigt den Keramaikos in Athen, in dem das DAI Athen seit 1913 gräbt. Die Beschriftung neben dem Bild bezieht sich auf das rechte Bild.

Das Bild unten links bildet die Burgmauer von Tiryns ab, s. *Tiryns I* (Seite 30).

Das rechte Bild bietet einen Blick auf das Kaiserhaus auf Leukas, s. *Kaiserhaus auf Leukas* (Seite 12).

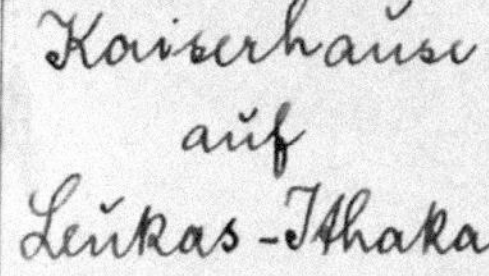

Kaiserhause auf Leukas-Ithaka

Gallerie in der Burgmauer von Tiryns

Kaiserhaus auf Leukas-Ithaka.

Rundes Grab auf Leukas-Ithaka
(2. Jahrtausend vor Chr.)

Seite 22 | Rundgrab auf Leukas

[9,0 x 15,1 cm]

`LEUK.760` [auf dem Bild]

Rundes Grab auf Leukas-Ithaka
(2. Jahrtausend vor Chr.)

Wilhelm Dörpfeld grub gemeinsam mit Peter Goessler bis 1913 insgesamt 33 Rundgräber in der Nidri-Ebene von Leukas aus, die er als Königsgräber bezeichnete,[1] s. *Königsgrab Leukas* (Seite 15).

Die Grabungen im Oktober 1913 beschreibt Dörpfeld in seinem Grabungstagebuch:

Donnerstag, den 16. Oktober 1913
Arbeiter: 30 Wetter: Regen
Wegen des Regens kann nur wenig gearbeitet werden. der Graben zwischen R XXII und XXVI wird vertieft, die römischen Mauern treten mehr hervor.

Freitag, den 17. Oktober 1913
Auch heute viel Regen, daher nur geringe Arbeit. Am Nachm. nehme ich das Grab XXVI in 1:50 auf.

Weiter berichtet er:

Donnerstag, 30. Oktober 1913
Arbeiterzahl: 11 Wetter: sehr gut
(...)
Aus Leukas kommt der Photograph, um 25 Aufnahmen 13:18 zu machen. (...) Auch im Museum wird photographiert.[2]

1 Dörpfeld, *Alt-Ithaka*, S. 217–250.

2 Dörpfeld, W., *Leukas-Ithaka VIIII.* Abrufbar unter: arachne.dainst.org/entity/6136042, S. 23, S. 49.

Seite 23 | Fest auf Leukas

[9,5 x 15,1 cm]

Fest der Heiligen Kyriaki auf Leukas
(altes Nymphen-Heiligtum)

Wilhelm Dörpfeld lokalisierte an der abgebildeten Stelle einer Kapelle gegenüber Nidri, die der Heiligen Kyriaki geweiht wurde, ein altes Nymphen-Heiligtum, was auch die aktuellen Forschungen bestätigen.[1] Der Namenstag der Heiligen Kyriaki wird am 7. Juli gefeiert. Oberhalb des Heiligtums befindet sich das Dörpfeld-Haus.

1 Dörpfeld, *Alt-Ithaka*, S. 205; Fiedler, M., *Antike Häuser in Leukas. Wohnhausarchitektur und Fundmaterial aus einer nordwestgriechischen Stadt des 6. bis 1. Jh. v. Chr.*, Berlin 2013, S. 13.

Dörpfeld berichtet:

Als erstes Heiligtum, dessen Inhaber wir kennen, verdient die Nymphengrotte am Hafeneingang genannt zu werden, die jetzt zu einer Kapelle der Heiligen Kyriaki geworden ist. Dass hier im klassischen Altertum die Nymphen verrehrt wurden, ist durch kleine Tonreliefs mit tanzenden Nymphen und dem Hermes sichergestellt (...). Da wir auch Scherben achäischer Zeit und dazu einige primitive Idole gefunden haben, nehmen wir an, dass die Nymphen schon in der achäischen Epoche Inhaber der Grotte waren, umso mehr, als wir aus Homer wissen, dass die Nymphen schon zur Zeit des Odysseus auf Ithaka verehrt worden sind.[2]

2 Dörpfeld, *Alt-Ithaka*, S. 205.

Fest der Heiligen Kyriaki auf Leukas
(altes Nymphen-Heiligtum)

Halle unsres Hauses in Pergamon

Dr. Schröder

Diener Georgi[illegible]

W. D

Baumeister Schrammen

Seite 24 | Haus in Pergamon

Halle unseres Hauses in Pergamon

Dr. Schröder [12,3 x 16,2 cm] *Diener Georgios*

W. D. *Baumeister Schrammen*

Links im Bild sitzt der Archäologe Walter Bruno Schröder, der 1902 für die epigrafischen Zeugnisse in Pergamon zuständig war.[1] Dörpfeld steht in der Mitte mit einer Inschrift (s. a. nächstes Bild), daneben steht der Architekt Jakob Schrammen, der 1902/1903 an den Ausgrabungen in Pergamon teilnahm. Im Hintergrund befindet sich der Diener Georgios. Dörpfeld grub ab 1900 stetig in Pergamon. Die beiden folgenden Bilder stammen aus der dritten Kampagne, die von September bis November 1902 stattfand.[2]

Zu Pergamon s. *Mit dem Patenkind in Pergamon* (Seite 20).

1 Goessler, *Dörpfeld*, S. 131.
2 Goessler, *Dörpfeld*, S. 129–130 sowie Goebel/Giannopoulou, *Daten*, S. 53.

Seite 25 | Im Haus in Pergamon

Dr. Schröder

[12,6 x 15,5 cm]

Eßzimmer
unseres Hauses
in Pergamon.
(Diener Georgios
Koch Achilleus)

Baumeister
Schrammen

Stein mit Inschrift *AT[TAΛOΣ]*

Diese Aufnahme stammt aus dem Esszimmer des Hauses der Ausgräber in Pergamon aus dem Jahre 1902. Links sitzt Walter Bruno Schröder, mittig Wilhelm Dörpfeld, rechts Jakob Schrammen. Wieder wird die Inschrift mit den Buchstaben AT präsentiert (vgl. Seite 24). Die Inschrift lässt sich nicht eindeutig rekonstruieren. Im Hintergrund links steht der Diener Georgios, daneben der Koch Achilleus.

Zu Pergamon s. *Mit dem Patenkind in Pergamon* (Seite 20).

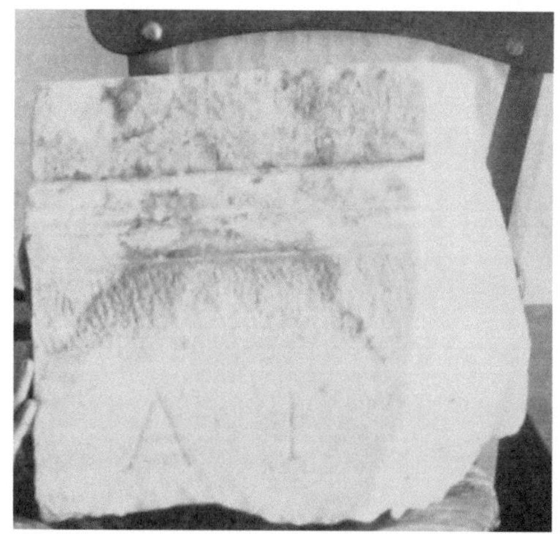

Abb. 7: Inschrift.

Dr. Schröder

Eßzimmer unseres Hauses in Pergamon.

(Diener Georgios Koch Achilleus)

Baumeister Schrammen

Stein mit Inschrift ΑΤ[ΤΑΛΟΣ]

Bauwerke bei der Stufenpyr
von Sakkara

Jan. 1931

W. D. mit Frau Dr. Junius.

Tempel-Ruine von Tegea

gefunden 1882 von W. D.

ausgegraben von den Franzosen.

W. D. misst 1930 die Standspuren
der Säulen des Alten Tempels
der Athena Alea.

Seite 26 | Sakkara und Tegea

Bauwerke bei der Stufenpyramide
von Sakkara
Jan. 1931
W.D. mit Frau Dr. Junius.

[7,3 x 11,5 cm]

Tempel-Ruine von Tegea
gefunden 1882 von W. D.
ausgegraben von den Franzosen.
W. D. misst 1930 die Standspuren
der Säulen des Alten Tempels
der Athena Alea.

[7,5 x 12,5 cm]

Das DAI begann mit den Ausgrabungen der antiken Stadt Tegea in Arkadien im Jahr 1879.[1] Wilhelm Dörpfeld nahm an der Kampagne 1882 teil, beendete seine Arbeit allerdings am 15. August 1882 aufgrund einer Malariaerkrankung.[2] Die Arbeiten in Tegea wurden durch die Französische Schule in Athen bis 1912 weitergeführt.[3]

Das Foto ist eine Erinnerung an die vom 29. Januar bis 1. Februar 1931 von Dörpfeld gemeinsam mit dem aus Düsseldorf stammenden Ehepaar Junius unternommene Ägyptenreise. Dabei statteten sie auch der hier mit Dörpfeld im Vordergrund abgebildeten Stufenpyramide von Sakkara einen Besuch ab.[4]

1 Lafond, Y., *Tegea*, in: Der Neue Pauly 12/1 (2003), Sp. 78–80.
2 Goebel/Giannopoulou, *Daten*, S. 33.
3 Link 2.

4 Goebel/Giannopoulou, *Daten*, S. 95.

Seite 27 | Pergamon

Georgios Para-skevopulos mein Aufseher	[12,9 x 8,0 cm]	*Statue des Zeus aus dem Hera-Tempel in Pergamon*	[12,8 x 7,9 cm]

Den links abgebildeten Georgios Paraskevopulos aus Pyrgos, langjähriger Mitarbeiter und Freund Dörpfelds, lernte Dörpfeld 1879 in Olympia kennen und grub mit ihm in Athen, Troja, Tiryns, Leukas und Pergamon.[1] Die Bilder entstanden während der letzten Grabungskampagne Dörpfelds in Pergamon im Herbst 1911, die sich der Ausgrabung des Hera-Tempels widmete.[2]

Zu Pergamon s. *Mit dem Patenkind in Pergamon* (Seite 20).

1 Goessler, *Dörpfeld*, S. 32.
2 Goebel/Giannopoulou, *Daten*, S. 63; Goessler, *Dörpfeld*, S. 32.

…orgios
Para-
…kevopulos
mein
…ufseher

Statue
des
Zeus
aus dem
Hera-
Tempel
in
Pergamon

Tor der Oberburg in Tiryns.

Seite 28 | Tiryns I

[9,2 x 14,9 cm]

TIRYNS. 48. [Bildbeschriftung links unten]

Tor der Oberburg in Tiryns.

Bei dem hier abgebildeten Tiryns handelt es sich um eine bronzezeitliche Siedlung auf der Peleponnes.[1] Im April 1884 nahm Wilhelm Dörpfeld gemeinsam mit Heinrich Schliemann und Dimitrios Philios eine erste Grabungskampagne in Tiryns vor. Mitte März bis Mitte Juni 1885 erfolgte die Fortsetzung der Grabungen ohne Schliemann,[2] Dörpfeld kehrte jedoch auch von Januar bis Februar 1905 zurück und führte die begonnenen Arbeiten fort. Vor Ort arbeitete er gemeinsam mit Hugo Hepding und Ernst Curtius.[3] Im April sowie Mai 1910 erfolgte schließlich eine weitere Kampagne mit Kurt Müller.[4]

1 Gerke, P./Hiesel, W., *Tiryns. Forschungen und Berichte*, Mainz 1971.
2 Goebel/Giannopoulou, *Daten*, S. 35; Schiering, W., *Tiryns*, in: Der Neue Pauly 15/3 (2003), Sp. 498–508, Sp. 499.
3 Goebel/Giannopoulou, *Daten*, S. 56.
4 Goebel/Giannopoulou, *Daten*, S. 61.

[9,4 x 15,0 cm]

TIRYNS.50. [Bildunterschrift links unten]

Burgmauer von Tiryns. (Angelis)

Rechts auf dem Bild ist Dörpfelds langjähriger Freund und Mitarbeiter Angelis Kosmopoulos (s. *Königsgrab Leukas* (Seite 15)) zu sehen.

Zu den Grabungen auf Tiryns s. *Tiryns I* (Seite 20).

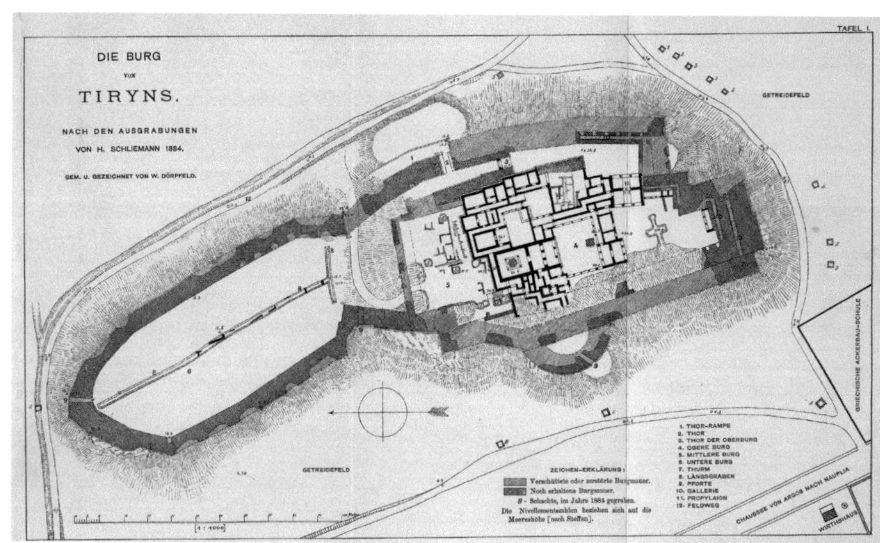

Abb. 8: Plan der Burg von Tiryns.

Burgmauer von Tiryns. (Angelis)

I

aus

d

Gallerie in der Burgmauer von Tiryns.

Seite 30 | Burgmauer in Tiryns

[13,0 x 8,2 cm] *Gallerie in der Burgmauer von Tiryns.*

Zu den Grabungen auf Tiryns s. *Tiryns I* (Seite 28).

Abb. 9: Blick in die Galerie im Jahr 2018.

Seite 31 | Pergamon

[8,1 x 13,5 cm]

Hera-Tempel von Pergamon.
W. D. Prof. Weinreich

Wilhelm Dörpfeld befindet sich links sitzend im Bild. Charakteristisch ist sein weißer Hut. In der Mitte befindet sich stehend und in hellem Jackett Professor Weinreich.

Der Hera-Tempel, ein 7 x 12 m großer Prostylos, wurde 1906 entdeckt und ab 1911 ausgegraben. Das Bild entstand 1911 auf Dörpfelds letzter Grabung in Pergamon.[1] Prof. Otto Weinreich (1886–1972) war 1911 im Zuge eines Reisestipendiums des DAI in Pergamon. Die Beschriftung und Unterbringung des Bildes muss nach der Habilitation Weinreichs im Jahre 1914 erfolgt sein.[2]

Zu Pergamon s. „*Mit dem Patenkind in Pergamon* (Seite 20).

1 Goebel/Giannopoulou, *Daten*, S. 63.
2 Herter, H., *Otto Weinreich †*, in: Gnomon 44 (1972), S. 97–101.

Hera-Tempel von Pergamon.

W. D. ↑ Prof. Weinreich

Unser Haus in Druva.

Museum von Olympia

Seite 32 | Museum von Olympia

[10,4 x 16,4 cm]

`Unser Haus in Druva.`

`Museum von Olympia`

Das klassizistische Gebäude wurde von Friedrich Adler und Dörpfeld 1875 entworfen und durch den griechischen Bankier Andreas Syngros finanziert. Den Bau nahm 1883 bis 1885 Karl Siebhold (1854–1937) vor und beendete ihn 1887.[1] Im April 1883 reiste Dörpfeld für den Bau des Museums nach Olympia.[2] Auch in den folgenden Jahren blieb er der Ausgrabung und dem Museum verbunden und besuchte Olympia regelmäßig.[3] Im Herbst 1886 kam es zu einem Erdbeben, durch das auch das Museum Schäden erlitt, weshalb Dörpfeld erneut dorthin reiste.[4] Am 22. März 1934 wurde Dörpfeld zu Ehren eine Marmorbüste seines Abbildes in dem Museum aufgestellt.[5] Es beherbergte bis Ende der 1970er Jahre das Archäologische Museum Olympia. Seit 2003 befindet sich hier eine Ausstellung zu den Olympischen Spielen.

Die Aufnahme wurde vermutlich von dem bei Olympia gelegenen Dorf Druva aufgenommen, in dem sich das Haus der Ausgräber Olympias befand.[6]

1 Jantzen, *Einhundert Jahre Athener Institut*, S. 117–118; Goebel/Giannopoulou, *Daten*, S. 34.
2 Goebel/Giannopoulou, *Daten*, S. 34.
3 Goebel/Giannopoulou, *Daten*, S. 40.
4 Goebel/Giannopoulou, *Daten*, S. 37.
5 Goebel/Giannopoulou, *Daten*, S. 100.
6 Wolf-Chrome, E. (Hg.), *Zwischen Olymp und Acheron. Berichte und Dokumente aus der griechischen Welt von deutschen Reisenden des 19. Jahrhunderts*, Zürich 1971.

Seite 33 | Archäologischer Kongress in Delphi

[12,3 x 16,7 cm]

Der Archäolog.
Kongreß
in
Delphi.
Mittagessen
unter den Platanen
bei der Kastalischen
Quelle.

König Konstantin
W. D.

Der erste internationale Archäologenkongress fand im Jahr 1905 statt. Diesem ordnet Goebel in den *Daten meines Lebens* auch die hier beschriebene Fotografie zu.[1] Im Anschluss an den Kongress in Athen begab sich Dörpfeld mit anderen Teilnehmern des Kongresses auf eine von ihm geführte Inselreise. Im Zuge dessen besuchten sie auch Delphi.[2] Die Anwesenheit König Konstantins widerspricht jedoch dieser Datierung. Als neue Datierung ist daher 1913 oder 1914 anzusetzen.

1 Goebel/Giannopoulou, *Daten*, S. 159.
2 Goebel/Giannopoulou, *Daten*, S. 56.

Der Archäolog.
Kongreß
in
Delphi.
Mittagessen
unter den Platanen
bei der Kastalischen
Quelle.

König Konstantin
W.D.

Seite 34 | Unbeschriftetes Gruppenbild

[14,0 x 20,6 cm]

Dieses Bild weist keinerlei Kommentierung oder Beschriftung auf. In der Mitte der Gruppe mit hellem Hut ist Wilhelm Dörpfeld zu erkennen. Seine äußere Erscheinung lässt auf eine recht frühe Aufnahme schließen.

Abb. 10: Ausschnitt des Bildes mit Wilhelm Dörpfeld.

Seite 35 | Neujahrsgrüße des Kaisers

Prost Neujahr [Hand Wilhelm II., linke obere Ecke auf der Fotografie]
1913
Wilhelm II.

Kaiser
Bethmann-Holweg

[11,4 x 14,8 cm]
Ausgrabung am Gorgo-Tempel auf Korfu
v. Wangenheim
v. Chelius. *W. D. mit englisch. u. amerikan. Archäologen.*

Dr. Schneider, General von Chelius, Botschafter von Wangenheim, Mr. Hogarth, Adjutant des Reichskanzlers, W. D., Mr. Norton, Herr Liman, Mr. Armour, Kaiser, Reichskanzler. [Rückseite]

Dörpfeld (hier mittig im Bild mit dem Rücken zum Fotografen) grub im Auftrag des damaligen Kaisers Wilhelm II. von 1911 bis 1912 auf Korfu. Der Kaiser inszenierte sich hier selbst als Archäologe und arbeitete noch im Exil gemeinsam mit Dörpfeld an entsprechenden Publikationen der Grabungsergebnisse.[1] Rückseitig findet sich eine Beschriftung der Fotografie durch Dörpfelds Hand: *Korfu 1912*, was eine eindeutige Datierung zulässt. Dörpfeld berichtet in seinem Grabungstagebuch:

Freitag, 19. April 1912.
Am Nachmittag kam S. M. mit Gefolge zum Gorgo-Tempel um die architekton. Terrakotten und sonstigen Funde zu besichtigen und blieb bei den Grabungen bis 6 Uhr stehen.[2]

1 Beigel, Th., *Der Stolz des Dilettanten. Wilhelm II. und die Gorgo*, in: Ders./S. Mangold-Will (Hg.): Wilhelm II. Archäologie und Politik um 1900, Stuttgart 2017, S. 87–100; Wilhelm II., *Studien zur Gorgo*, Berlin 1936.

2 Dörpfeld, W., *Korfu. Ausgrabungen 1912*, S. 35.

Kaiser
Bethmann-Holweg

Ausgrabung am Gorgo-Tempel auf Korfu.

v. Wangenheim.
v. Chelius
W. D mit englisch. u. amerikan. Archäologen.

Seite 36 | Erechtheion II

[13,4 x 15,1 cm]

Die Abbildung zeigt eine Ansicht auf das Erechtheion auf der Akropolis in Athen. In Kooperation mit den anderen Archäologischen Instituten in Athen fanden regelmäßige Vorträge auf der Akropolis statt, an denen auch Dörpfeld oft teilnahm. Hier hält Dörpfeld einen Vortrag (links im Bild). Das Erechtheion ist ein ionischer Tempel auf der Akropolis in Athen aus dem ausgehenden 5. Jahrhundert v. Chr. und war ein langjähriges Forschungsobjekt Dörpfelds, s. *Erechtheion* (Seite 7).

Abb. 11: Blick auf das Erechtheion im Spätsommer 2019.

Seite 37 | Leukas

[7,8 x 5,7 cm | 7,6 x 13,3 cm]

Museum + Küche   neue Veranda

[8,0 x 13,4 cm]

2 GRIECHISCHE BRÜCKE ÜBER DEN SELINUS

Das obere Bild ist ein aus zwei Fotografien zusammengesetztes Panorama. Es bildet Dörpfelds altes Haus auf der Insel Leukas ab. Dieses Haus bewohnte Dörpfeld, bis er 1908 das Fertighaus des Kaisers bezog, s. *Kaiserhaus auf Leukas* (Seite 12).

Darunter zeigt eine leicht überklebte Postkarte die archäologischen Überreste einer Brücke über dem Fluss Selinos, der durch Pergamon fließt. Vier solcher Brücken können heute archäologisch nachgewiesen werden.[1]

1 Radt, W./Eder, W./Berger, A., *Pergamon*, in: Der Neue Pauly 9 (2002), Sp. 549–561.

Museum u. Kirche

neue Veranda

2 GRIECHISCHE BRÜCKE ÜBER DEN SELINUS

Richtfest
meines
Sommerhaus
in Kephissia

Seite 38 | Das Sommerhaus in Kephissia

[14,3 x 16,3 cm]

Richtfest meines Sommerhauses in Kephissia

Abgebildet ist das Richtfest der Sommerresidenz der Familie Dörpfeld in Kephissia, einem Ort nordöstlich von Athen am Fuß des Berges Pentelikon. Der Garten und das Baugrundstück wurden im Sommer 1891 erworben.[1] Dörpfeld plante und leitete den Bau des Sommerhauses, sodass es bereits im Sommer 1892 bezogen werden konnte.[2] Das Richtfest wird zwischen Sommer 1891 und Sommer 1892 begangen worden sein. Ab März 1897 vermietete Dörpfeld das Haus an Graf Plessen,[3] ab Mai 1899 wohnte die Familie Dörpfeld wieder selbst während der Sommer- und Herbstmonate dort.[4] Im Februar 1901 verkaufte Dörpfeld schließlich das Haus.[5]

Abb. 12: Das Sommerhaus in Kephissia.

1 Goebel/Giannopoulou, *Daten*, S. 42.
2 Goebel/Giannopoulou, *Daten*, S. 43; Goessler, *Dörpfeld*, S. 93.
3 Goebel/Giannopoulou, *Daten*, S. 48.
4 Goebel/Giannopoulou, *Daten*, S. 50.
5 Goebel/Giannopoulou, *Daten*, S. 52.

Seite 39 | Ausgrabungen in Troja

Ausgrabung
in Troja
1894

[14,7 x 18,0 cm]

Fundament
der
röm. Säulenhalle

[Auf der Fotografie rechts unten]

Dörpfeld grub vom 1. Mai bis 15. Juli 1894 gemeinsam mit Hurbert Schmidt, Alfred Götze, Hermann Winnefeld und Wilhelm Wilberg in Troja.[1] Bei dem abgebildeten Fundament der römischen Säulenhalle könnte es sich um die Reste „großartiger römischer Gebäude“[2], die Dörpfeld in der IX. Schicht lokalisierte, handeln.[3] Welchen besonderen Stellenwert die Grabungen in Troja für Wilhelm Dörpfeld gehabt haben müssen, wird durch das folgende Zitat deutlich:

Es giebt meines Wissens keinen Ort der Welt, an dem so viele, deutlich zu unterscheidende Schichten von Bauwerken und Schudmassen übereinander liegend erhalten sind, als auf dem Hügel von Hissarlik. Wohl kenne ich manche Plätze, an denen zwei, drei oder auch noch mehr Ruinenschichten übereinander lagern und zusammen eine mehrere Meter hohe Schuttmasse bilden, aber dass die Reste alter Gebäude und ihrer Erdschichten eine Höhe von 15 m erreichen, und dass sich in diesen Trümmern neun oder sogar mehr zeitlich getrennte Schichten unterscheiden lassen, kommt bisher nur in Hissarlik vor.[4]

Zu Troja allgemein s. *Ausgrabung in Troja* (Seite 18).

1 Goebel/Giannopoulou, *Daten*, S. 45.
2 Dörpfeld, *Troia und Ilion*, Bd. I, S. 22.
3 Dörpfeld, *Troia und Ilion*, Bd. I, S. 22–23.
4 Dörpfeld, *Troia und Ilion*, Bd. I, S. 26.

Ausgrabung
in Troja
1894

Ausgrabung des Kabiren-Heiligtums bei Theben.

Prof Winter

W. D.

Prof. Winnefeld

Seite 40 | Ausgrabungen in Theben

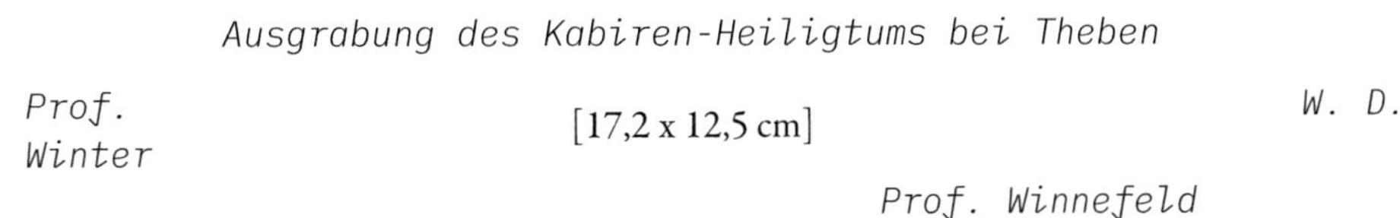

Dörpfeld nahm an zwei Grabungskampagnen im Karbirion von Theben teil. Die erste Kampagne lief von Dezember 1887 bis Januar 1888, als weitere Teilnehmer werden Franz Winter, Botho Gräf, Hermann Winnefeld und Arthur Schneider in den *Daten meines Lebens* aufgelistet.[1] Eine weitere Kampagne fand im April 1888 mit Hermann Winnefeld und Paul Wolters statt.[2] Die Grabungsergebnisse wurden erst im Jahre 1940 von Paul Wolters und Paul Graef publiziert.[3]

Da sich auf dem Bild neben Wilhelm Dörpfeld noch Prof. Hermann Winnefeld (rechts sitzend) und Prof. Franz Winter befinden, die das Reisestipendium des Instituts im Jahr 1887 innehatten, ist davon auszugehen, dass es sich um eine Aufnahme der ersten Kampagne handelt.[4] Zum Zeitpunkt der Aufnahme waren weder Winter (1894)[5] noch Winnefeld (1895)[6] habilitiert.

1 Dörpfeld, *Troia und Ilion*, Bd. I, S. 22.
2 Dörpfeld, *Troia und Ilion*, Bd. I, S. 22–23.
3 Goebel/Giannopoulou, *Daten*, S. 38.
4 Goebel/Giannopoulou, *Daten*, S. 39.
5 Wolter, P./Bruns, G., *Das Kabirenheiligtum bei Theben*, 1. Bd., Berlin 1940.
6 Link 3.

Seite 41 | Ausgeschnittene Seite I

`Dr. Philios`
`W. D.`

`Frau`
`Wilberg`

`Prof.`
`Hirschfeld`

`Seite`
`fehlt` [Bleistift, fremde Hand]

Aufgrund der Beschriftung am vom Heraustrennen ausgesparten linken Seitenrand ist davon auszugehen, dass sich die auf der herausgeschnittenen Seite platzierte Fotografie an anderer Stelle im Album wiederfindet. Vergleiche dazu *Ausgrabung in Troja* (Seite 3).

Seite 42 | Ausgeschnittene Seite I

Die Verso-Ansicht der herausgetrennten Seite ist nicht zu rekonstruieren.

Abb. 13: Herausgeschnittenes Bild.

Dr. Philios

W. D.

Frau Wilberg

Prof. Hirschfeld

Das Gymnasion von Pergamon bei seiner Freilegung. (etwa 1908) (1904 s. hinten)

W. D.

Seite fehlt

Seite 43 | Pergamon

[17,3 x 13,8 cm]

Das Gymnasion von Pergamon bei seiner Freilegung. *(etwa 1908) (1904 s. hinten)* [Bleistift, fremde Hand]
W.D.

Es handelt sich um einen Zeitungsausschnitt, was anhand der Rückseite ersichtlich wird. In den Jahren 1902 bis 1911 widmete er die Monate September bis November jährlich den Grabungen in Pergamon.[1] Für das Jahr 1904, welches durch fremde Hand mit Bleistift hinter die Eintragung Dörpfelds in Tinte datiert wurde, spricht, dass Dörpfeld laut Goessler in seinem verschollenen Lebenslauf die Vollendung der Freilegung der Terrasse des Gymnasions vermerkt haben soll.[2] Diese Datierung deckt sich mit dem Vermerk Dörpfelds auf der Rückseite des Ausschnitts. Wie es zu der Signatur 1908 kam, ist nicht zu klären.

Da die Bildunterschrift *W. D.* leicht überklebt ist, kann angenommen werden, dass sich an dieser Stelle ursprünglich eine andere Fotografie befunden hat.

1 Goebel/Giannopoulou, *Daten*, S. 53–63.
2 Goessler, *Dörpfeld*, S. 145.

Das Gymnasion von Pergamon bei seiner Freilegung. (etwa 1908) (1904 g. hinten)

W. D.

Troja 1893. Schliemanopolis

Brückner Dörpfeld Wilberg Weigel

Seite 44 | Schliemannopolis

[13,8 x 20,3 cm]

```
Troja 1893.    Schliemannopolis
Brückner      Dörpfeld      Wilberg                Weigel
```

Vom 2. Mai bis 29. Juni 1893 nahm Dörpfeld an den Grabungen in Troja teil. In den *Daten meines Lebens* vermerkt er Alfred Brückner (2. v. l.), Max Weigel (2. v. r.) und Wilhelm Wilberg (1. v. r.) als Mitarbeiter, die auch in dieser Fotografie zu sehen sind.[1] Über die von Schliemann angelegte Zeltstadt „Schliemannopolis“ berichtet der Archäologe Carl Schuchhardt:

Auf dem Hügel von Hissarlik hatte Schliemann abseits der Ausgrabungen eine kleine Zeltstadt entstehen lassen, die man Schliemannopolis nannte. Darin wurde mit den oft zahlreichen Besuchern gewohnt, geschlafen, gegessen. Vor dem Eßzelt saßen wir nach der Mittagsmahlzeit immer eine Zeitlang zusammen, während Schliemann, der schon vor Sonnenaufgang an die Arbeit ging, sich zu einem Ruhestündchen zurückzog.[2]

Zu Troja allgemein s. *Ausgrabung in Troja* (Seite 3).

1 Goebel/Giannopoulou, *Daten*, S. 44.

2 Schuchhardt, C., *Aus Leben und Arbeit*, Berlin 1944, S. 180.

Seite 45 | Ausflug nach Neandria

[9,9 x 15,4 cm]

Ausflug von Troja nach Neandria 1893.
Brückner Weigel, Wilberg, Dörpfeld

Vom 2. Mai bis 29. Juni 1893 leitete Dörpfeld die Grabungskampagne in Hissarlik. Gemeinsam mit seinen Assistenten Alfred Brückner, Max Weigel und Wilhelm Wilberg unternahm er eine Reise nach Neandria.[1] Neandria war eine griechische Stadt in der Troas-Ebene, die Überreste liegen im heutigen Çığrı Dağ.[2]

Zu Troja allgemein s. *Ausgrabung in Troja* (Seite 3).

1 Goebel/Giannopoulou, *Daten*, S. 44; Goessler, *Dörpfeld*, S. 105f.
2 Schwertheim, E., *Neandr(e)ia*, in: Der Neue Pauly 8 (2002), Sp. 772.

Ausflug von Troja nach Neandria 1893.

Brückner Weigel, Wilberg, Dörpfeld

Kaiserin Friedrich beim Zeus-Tempel
im Olympia 1890.

Seite 46 | Olympia mit Kaiserin

[12,4 x 19,9 cm]

Kaiserin Friedrich beim Zeus-Tempel in Olympia 1890.

Im März 1890 unternahm Dörpfeld eine Reise mit der Kaiserin-Witwe, die sich in Andenken an ihren Ehemann, den 1888 verstorbenen Kaiser Friedrich III., Kaiserin Friedrich nannte. Die Route führte von Nauplia nach Mykene und Olympia, wobei das englische Kriegsschiff „Surprise" als Fortbewegungsmittel diente.[1]

Zu Olympia s. *Olympia* (Seite 19).

1 Goebel/Giannopoulou, *Daten*, S. 41; S. 158.

Seite 47 | Das Kaiserhaus auf Leukas

[22,7 x 10,0 cm]

`Blick vom Kaiserhause nach Norden`

`Skaros`
`und Nydri`

`Insel Cheloni`

`Insel Maduri`

Es handelt sich um eine aus drei Teilen zusammengesetzte Fotocollage (Breite der Einzelfotografien von links nach rechts: 6,9 cm; 8,0 cm; 7,8 cm), die den Blick des sogenannten Kaiserhauses nach Norden auf die Inseln Cheloni und Maduri sowie den Berg Skaros und Nidri zeigt.

Zum Kaiserhaus s. *Kaiserhaus auf Leukas I* (Seite 12).

Blick vom Kaiserhause nach Norden

Skaros und Nydri

Insel Cheloni

Insel Madúri

Ostfront des Parthenon

Seite 48 | Parthenon

[9,0 x 14,0 cm]

Ostfront des Parthenon

[Beschriftete Rückseite der Postkarte:]
Auf dem Schiff, 20.4.28
[anders herum:] *herzl. Grüße an Richard*
Meine herzliebe Tante Tine!
Immer wollte ich Dir schreiben,
soviel habe ich an Dich gedacht!
Aber wir hatten eine solche
Fülle von Eindrücken! Daß
man abends zu müde war
Dienstags: Abfahrt von Venedig,
Donnerstag: Corfu,
Freitag: Olympia, ach, so schön!
Samstag: xxx um Santorin herum
Sonntag: Kreta, Knossos
Montag: Nauplia, Mykene+Tiryns
Dienstag: Athen,
Mittwoch: Corinth, Donnerstag: Athen,
heute der erste, stille Tag wieder.
Für Onkel Wilhelm waren die täg-
lichen Ausflüge u. Vorträge auch
reichlich anstrengend, aber er klagt
nie u. ist morgens der Erste zur
Stelle. – Alle Gäste sind ganz ange-
tan von seinen Vorträgen und
haben ihn lieb und verehren ihn.
Es ist aber auch so unaussprechlich
schön, mit ihm zu reisen! Du bist in
Gedanken ja bei uns; Morgen gehen
wir in Leukas an Land. In treuer Liebe
Deine Agnes

Die hier eingeklebte Postkarte zeigt die Ostfront des Parthenons in Athen. Rückseitig ist zu erkennen, dass es sich ursprünglich um eine an Christine von Rohden adressierte Postkarte ihrer Nichte Agnes handelte. Die unten beschriebene Reise erwähnt Dörpfeld in den *Daten meines Lebens*, allerdings bleibt die Teilnahme von Agnes unerwähnt.[1]

1 Goebel/Giannopoulou, *Daten*, S. 88.

Seite 49 | Dörpfelds Arbeitszimmer im DAI Athen

[12,9 x 19,5 cm]

Blick in das Empfangs- und Arbeitszimmer Dörpfelds in seiner Dienstwohnung im ersten Stock des DAI Athen. Am 1. Februar 1882 nahm Dörpfeld eine Stelle als Architekt am DAI Athen an.[1] Ab dem 28. April 1886 war er Zweiter Sekretär,[2] bis er am 3. Juli 1887 zum Ersten Sekretär ernannt wurde und im Gebäude des DAI in der Akademie-Straße eine Dienstwohnung erhielt.[3] Im September 1888 konnte das neue Institutsgebäude in der Fidiou-Straße, errichtet unter anderem nach den Plänen Dörpfelds, bezogen werden. Dort bewohnte er die abgebildete Wohnung.[4]

1 Goebel/Giannopoulou, *Daten*, S. 32.
2 Goebel/Giannopoulou, *Daten*, S. 36.
3 Goebel/Giannopoulou, *Daten*, S. 38.
4 Goebel/Giannopoulou, *Daten*, S. 39.

Blick vom Kaiserhause
auf Skropio und Skropidi

Seite 50 | Kaiserhaus auf Leukas III

[10,0 x 14,9 cm]

Blick vom Kaiserhause
auf Skropio und Skropidi

Blick vom Kaiserhaus auf Leukas [Rückseite, fremde Hand]

Teilansicht des Blicks vom Kaiserhaus auf Leukas, s. *Kaiserhaus auf Leukas* (Seite 12).

Skropio, heute Skorpios, ist eine ionische Insel und liegt ca. einen Kilometer östlich von Leukas.

Skropidi, heute Skorpidi, ist Teil der Taphischen Inseln und liegt östlich zwischen Leukas und dem Festland.

Seite 51 | Deutsches Archäologisches Institut Athen

[8,6 x 14,3 cm]

Mein Arbeitszimmer im Athen. Institut
1921-1931.

Nachdem Dörpfeld sich 1912 von seinem Posten als Erster Sekretär des DAI Athen zurückgezogen hatte, übernahm er weiterhin Arbeiten für das Institut. So führte er Besuchergruppen zu den Denkmälern Athens und war an Grabungskampagnen des Instituts beteiligt, vornehmlich allerdings in beratender Funktion.[1]

1 Jantzen, *Einhundert Jahre Athener Institut*, S. 38–39.

Mein Arbeitszimmer im Athen. Institut
1921 - 1931.

W. D.

beim Denkmal Fiorelli

in Pompeji

Seite 52 | Pompeji

W. D.
beim Denkmal Fiorelli
in Pompeji

[14,7 x 11,9 cm]

an der Büste von Fiorelli am 1. Mai 1926 (Dampfer Lützow) erster Direktor Dr. Altmann – Berlin. [Rückseite]

Das Denkmal Fiorelli wurde dem italienischen Archäologen und Numismatiker Giuseppe Fiorelli zu Ehren errichtet. Während seiner Leitung der Ausgrabungen in Pompeji 1860 bis 1875 trug er wesentlich zur Systematisierung und Verwissenschaftlichung der Unternehmung bei.[1] Die Reise mit dem Dampfer Lützow notiert *Dörpfeld in den Daten meines Lebens*, allerdings wird der hier als erster Direktor bezeichnete Dr. Altmann[2] nicht erwähnt.[3]

1 Dickmann, J.-A., *Pompeji. Archäologie und Geschichte*, München 2005, S. 13.

2 Thielen, H., *Altman(n), Georg(e)*, in: D. Böttcher et. al. (Hg.): Hannoversches Biographisches Lexikon. Von den Anfängen bis in die Gegenwart, Hannover 2002, S. 2.

3 Goebel/Giannopoulou, *Daten*, S. 88.

Seite 53 | Friedel auf Maduri

[7,5 x 11,6 cm] [11,0 x 8,1 cm]

Friedel auf Maduri
bei der Abfahrt von Leukas

Dorf Lyris bei Vassiliki [Rückseite rechtes Bild; fremde Hand]

Links ist ein Boot bei der Abfahrt von der Insel Leukas abgebildet. Im Hintergrund befindet sich nach Dörpfelds Angaben die Insel Maduri, Teil der taphischen Inselgruppe und geografisch gegenüber der Stadt Nidri gelegen. Dies legt eine Abfahrt von selbiger Stadt nahe.

Friedel ist der Spitzname für Dörpfelds Nichte Elfriede, Tochter von Karl Friedrich und Dörpfelds Schwester Christine von Rohden. Sie besuchte ihn am 5. November 1928 gemeinsam mit ihrem Mann Ingwer Paulsen und verblieb nach den *Daten meines Lebens* bis mindestens Ende März auf Leukas, die Reise Paulsens dauert bis in den Sommer 1929.[1] Das rechte Bild zeigt Vassiliki, ein auf der Südseite der Insel Leukas liegendes Dorf.[2]

1 Goebel/Giannopoulou, *Daten*, S. 90–91.; Schulte-Wülwer, U., *Ingwer Paulsen*, in: Ders. (Hg.): Kieler Künstler Bd. 3, In der Weimarer Republik und im Nationalsozialismus 1918–1945, Heide 2019, S. 266–284; Bertling Biaggini, C., *Licht und Farben Griechenlands. Ingwer Paulsen auf Reisen mit dem Archäologen Wilhelm Döprfeld 1928/1929*, Husum 2004, S. 11.

2 Strauch, *Leukas, Leukadia*, Sp. 101–103.

Friedel auf Madùri
bei der Abfahrt von Leukas

Südseite des Dörpfeld-Hauses
(Spiegelbild)

Seite 54 | Dörpfeldhaus auf Leukas

[8,0 x 13,7 cm]

Südseite des Dörpfeld-Hauses
(Spiegelbild)

S. *Kaiserhaus auf Leukas* (Seite 12).

Seite 55 | Pergamon und Leukas

[12,6 x 12,8 cm]

DIE NORDWESTLICHE ECKE DES OBEREN GYMNASIONS

Kapelle der Hagia Kyriaki. Altes Nymphen-Heiligtum unterhalb des Kaiserhauses.

[6,7 x 7,5 cm, Foto 5,0 x 5,0 cm]

Die Unterschrift des linken Bildes beschreibt einen Bildausschnitt der Grabungsstätte von Pergamon.[1] Zu Pergamon s. *Mit dem Patenkind in Pergamon* (Seite 20). Das rechte Bild zeigt die Agia Kyriaki, eine Kapelle, die der christlichen Märtyrerin Sankt Kyriaki geweiht wurde und auch als „Kapelle auf dem Felsen" bekannt ist. Dörpfeld lokalisierte hier ein altes Nymphen-Heiligtum, was auch die aktuellen Forschungen bestätigen.[2] Rückseitig ist zu erkennen, dass es sich um einen Ausschnitt aus einer Postkarte handelt.

1 Schazmann, P., *Altertümer von Pergamon*, Bd. VI: Das Gymnasion, Berlin 1923, Abb. 21. Der Ausschnitt wurde jedoch nicht aus diesem Buch gewählt, da die Bildunterschrift hier lautet: Die nordwestliche Ecke der Palaestra.

2 Dörpfeld/Goessler, *Alt-Ithaka*, S. 205; Fiedler, *Antike Häuser in Leukas*, S. 13.

DIE NORDWESTLICHE ECKE DES OBEREN GYMNASIONS

Kapelle der Hagia Kyriaki. Alter Nymphen-Heiligtum unterhalb des Kaiserhauses.

PERG.

Seite 56 | Grabung in Pergamon

[14,6 x 17,9 cm]

PERG. [Unten links auf der Fotografie]

Die Abbildung überklebt eine Beschriftung (*Burgmauer vom Troja des Priamos 1894*).[1] Die Abkürzung „PERG." links in der Ecke des Fotos zeigt, dass es sich um ein Bild von der Ausgrabung in Pergamon handelt. Links unten an der Mauer lehnend ist Dörpfeld zu erkennen.

Zu Pergamon s. *Mit dem Patenkind in Pergamon* (Seite 20).

1 Inhaltlich ließe sich eine Abbildung aus dem Jahr 1894 auch besser mit den darauffolgenden Albumseiten verknüpfen.

Seite 57 | Troja

[13,9 x 21,4 cm]

Ruinen von Troja (von Norden)

Zu Troja allgemein s. *Ausgrabung in Troja* (Seite 3).

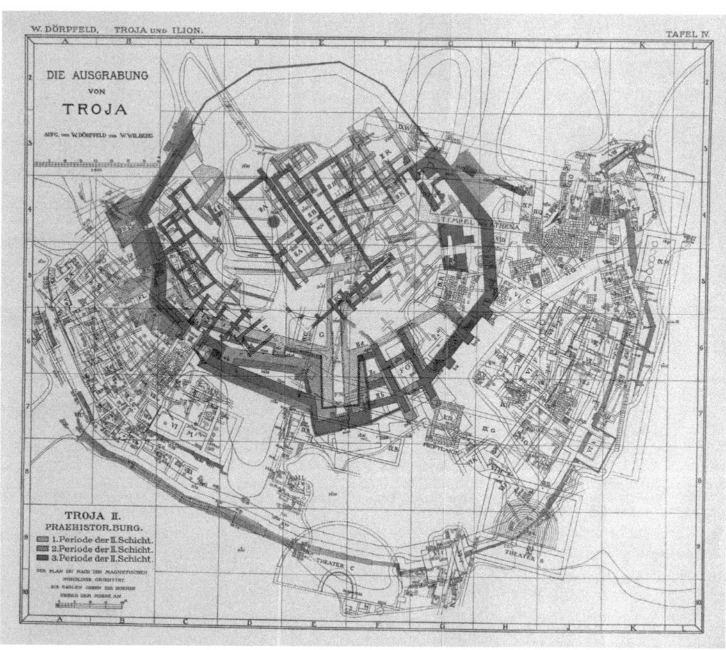

Abb. 14: Burg von Troja.

Ruinen von Troja (von Norden)

Neochori, Nidriebene und die kleinen Inseln

(von der Höhe über Neochori aus).

Seite 58 | Leukas

[13,9 x 21,5 cm]

Neochori, Nidriebene und die kleinen Inseln
(von der Höhe über Neochori aus).

Neochori ist ein hoch gelegenes Bergdorf auf Leukas und befindet sich rund fünf bis sechs Kilometer entfernt von Nidri.

Seite 59 | Rücktritt aus dem DAI

[15,7 x 17,8 cm]

Der Zeitungsartikel beinhaltet Informationen zum Rücktritt Dörpfelds von dessen leitendem Posten beim Deutschen Archäologischen Institut Athen im Jahr 1912. Eine Verifizierung von Druckort und Publikationsort ist leider nicht möglich.

Aus Gesundheitsrücksichten wird Professor Wilhelm **Doerpfeld**, der größte Archäologe der Gegenwart, dessen Tätigkeit für die archäologische Welt voll wahrhaft großartiger Anregung gewesen ist, von seinem Amt als erster Sekretär des Kaiserlich deutschen archäologischen Instituts zurücktreten. Er ist am 26. Dezember 1853 in Barmen als Sohn eines ausgezeichneten Pädagogen geboren und griff 1877 epochemachend in die deutschen Ausgrabungen in Olympia ein, sodaß sein Name für alle Zeiten mit dieser berühmten Stätte verbunden sein wird. Seinem genialen Scharfblick gelang es bei seinen wiederholten Ausgrabungen in Troja die von Homer besungene Burg des Priamos, die für Männer wie Herodot und Thucydides nur noch den Klang einer Sage gehabt, in klaren Umrissen aus dem Schoß der Erde auferstehen zu lassen. Er hat in Tiryns die stolzen Reste der Heroenzeit freigelegt, auf der Akropolis und am Areopag den Spaten mit Aufsehen erregendem Erfolg angesetzt, die vielumstrittene Frage der Enneakrunos (neunrohriger von den Pisistratiden angelegter Brunnen in Athen) endgiltig gelöst und die fremdländischen Grabungen in Eleusis, Epidauros, Eretria, Korinth, Delphi, Thera, Cypern mächtig gefördert. Er leitet seit 1900 die alljährlich von September bis November ausgeführten glänzenden Grabungen in Pergamon; und nach langjährigen Campagnen ist es ihm beschieden gewesen, auf Leukas, dem homerischen Ithaka, den gesuchten Königspalast des Odysseus an das Tageslicht zu heben. Aus seiner reichen schriftstellerischen Tätigkeit seien hier nur seine beiden monumentalen Bände „Troja und Ilion“ sowie sein Buch: das griechische Theater hervorgehoben, worin er nachweist, daß eine erhöhte Bühne für die Tragödie und Komödie der griechischen Zeit nach nicht existiert habe. Seit 1886 ist er erster Sekretär des deutschen archäologischen Instituts, dessen festeste Stütze und höchste Zierde er ist und dem er einen großartigen Aufschwung gegeben hat. Er war ein ebenso eifriger Vortragshalter bei den öffentlichen Sitzungen als Mitarbeiter an der Zeitschrift des Instituts, den „Mitteilungen“. Jeden Sonnabend aber hat er einen Kreis von Jüngern der Altertumswissenschaft angesichts der antiken Monumente in das Reich der hellenischen Baukunst in einer Weise eingeführt, die in der Seele seiner Zuhörer unauslöschbare Spuren zurückgelassen hat. Seit vielen Jahren war er alljährlich monatelang für eine große Schar von Gelehrten Lehrer und Wegweiser durch die Ruinenstätten der Denkmälerwelt im Peloponnes und auf den Inseln des Aegäischen Meeres bis nach Troja hin. Möchte es diesem Meister der Wissenschaft, dem ein Ehrenplatz unter den bahnbrechenden und pfadweisenden Geistern in der Geschichte der Altertumskunde gebührt, diesem kühnen Bezwinger von Problemen, an deren Lösung der Scharfsinn der Archäologen und Philologen sich bisher erfolglos bemüht hatte, noch lange Jahre vergönnt sein, die von ihm bisher geleiteten Grabungen zu fördern und seine großen wissenschaftlichen Arbeiten zu Ende zu führen. Möchte dieser gütige, liebenswürdige Mensch und echt deutsche Mann, der neben seiner aufreibenden wissenschaftlichen Tätigkeit noch Zeit fand, mit seiner edlen Gattin, einer Tochter des Wirklichen Geheimen Oberbaurats Adler, eine blühende deutsche Schule in Athen zu gründen, noch lange Jahre seiner Familie erhalten bleiben! —

Prof. Dr. Wilhelm Doerpfeld.
Zum Rücktritt von seinem Posten als Leiter des deutschen Instituts in Athen.

Theater

von

Epidauros

(mit Kaiserin
Friedrich)

Seite 60 | Epidauros

Theater
von
Epidauros

(mit Kaiserin
Friedrich)

[15,1 x 13,2 cm]

Während der Rundreise im März 1890 besuchten Wilhelm Dörpfeld und Kaiserin Friedrich auch Epidauros[1], s. *Olympia mit Kaiserin* (Seite 46). Das antike Theater von Epidauros liegt auf dem östlichen Finger der Peloponnes und ist ein oft gewähltes Ziel der Dörpfeldschen Reisen sowie ein Forschungsobjekt Dörpfelds.[2]

1 Goebel/Giannopoulou, *Daten*, S. 41; 158.
2 Dörpfeld, W./Reisch, E., *Das griechische Theater*: Beiträge zur Geschichte des Dionysos-Theaters in Athen und anderer griechischer Theater, Athen 1896, S. 121–133.

Seite 61 | Ägypten-Reise

[10,1 x 7,8 cm] [11,4 x 7,4 cm]

Vom 29. Januar bis 1. Februar 1931 besichtigte Dörpfeld auf seiner Ägyptenreise[1] gemeinsam mit dem aus Düsseldorf stammenden befreundeten Ehepaar Junius (rechts im Bild) auch Sakkara.[2] Das linke Bild zeigt Dörpfeld beim Aufmaß, welches ebenfalls auf der Seite *Sakkara und Tegea* (Seite 26) des Albums Erwähnung findet.[3]

1 Zu der Ägyptenreise s.a. PETERSEN, L., *Wilhelm Dörpfeld am Nil,* in: Berghöfer-Weidhaas/Eich (Hg.): Eine Odyssee. Studien zum Leben und Werk Wilhelm Dörpfelds, Wuppertal 2021, S. 145–161.

2 GOEBEL/GIANNOPOULOU, *Daten*, S. 95.

3 GOESSLER, *Dörpfeld*, S. 210.

Seite 62 | Collage

[12,1 x 7,7 cm]

[12,0 x 8,7 cm, sichtbar 9,7 x 8,7 cm]

[12,3 x 7,2 cm]

`Dorf Lakone` [Rückseite]

Das Foto oben links überklebt ein weiteres, dieses ist dadurch nicht mehr eindeutig zu erkennen. Abgebildet wird eine Ausgrabungsstätte mit Säulen.

6

Konferenz auf Hissarlik Anfang Dezember 1889
Von links nach rechts:
Bötticher, Niemann, Schliemann, Dörpfeld, Steffen

Einlage „Troja“

Konferenz auf Hissarlik Anfang
Dezember 1889
Von links nach rechts:
Bötticher, Niemann, Schliemann,
Dörpfeld, Steffen [fremde Hand]

[10,3 x 11,7 cm, Größe der Einlage: 13,0 x 11,7 cm]

Die Fotografie zeigt Ernst Bötticher, Georg Niemann, Heinrich Schliemann, Wilhelm Dörpfeld sowie Topograf Bernhard Steffen in Hissarlik 1889. Die Auslegung der Funde Schliemanns und Dörpfelds in Troja geriet schnell in die Kritik ihrer Zeitgenossen, allen voran in die des preußischen Hauptmanns Ernst Bötticher. Er suchte in zahlreichen teils polemischen Artikeln Schliemanns These, die zweite Siedlungsschicht mit einer Stadt zu identifizieren, zu widerlegen. Vielmehr glaubte er, es handle sich um eine Nekropole. Auf Anregen Wilhelm Dörpfelds und Rudolf Virchows hin lud Schliemann Ernst Bötticher im Dezember 1889 neben weiteren unparteiischen Gutachtern zu einer ersten Konferenz nach Hissarlik ein, um dessen Argumentation zu entkräften und den Streit beizulegen.[1] Die Konferenz endete allerdings nach nur sechs Tagen nach Beginn im erneuten Streit zwischen Schliemann und Bötticher am 6. Dezember 1889.[2]

Bei dem Bild handelt es sich um einen Ausschnitt des bei Meyer[3] veröffentlichten Fotos aus dem Besitz Dörpfelds. Auf der ursprünglichen Fotografie sind zwei weitere nicht bekannte Herren abgebildet.

1 Zavadil, M., *Major Bernhard Steffen als Mitstreiter Heinrich Schliemanns im trojanischen Federkrieg*, in: Mitteilungen aus dem Heinrich-Schliemann-Museum Ankershagen 9 (2011), S. 143–153.

2 Zavadil, *Major Bernhard Steffen*, S. 149.

3 Meyer, E. (Hg.), *Heinrich Schliemann, Briefwechsel. Aus dem Nachlass in Auswahl*, 2 Bde., Berlin 1953/1958.

Hinterer Einband

[14,3 x 8,6 cm]

Reinhard Kaufmann
[Bleistift fremde Hand]

Gymnasion von Pergamon. Grabung 1904.
[Durchmesser 8,9 cm, sichtbar 6,8 cm]
Herzlichen Gruß Dein Wilhelm

[14,3 x 9,0 cm]

Bach Traphos 87 mit Wäscherin

Der Bach von Traphos, wo die Frau vom Dorfe Liapades ihre Wäsche gewaschen hat, obwohl es mehrere Monate nicht geregnet hatte. Im Hintergrund die Mauer der Fahrstrasse; ganz links die Brücke, unter der das Wasser aus einer Quelle kommend läuft [Rückseite Bild drei]

Die Fotocollage wurde vermutlich nicht durch Dörpfeld selbst angefertigt. Diese These stützt das Ausbleiben der sonst üblichen Bildbeschriftungen sowie der Eintrag *Reinhard Kaufmann* links auf dem Bild, der durch fremde Hand erfolgte. Reinhard Kaufmann war der Ehemann von Dörpfelds Nichte Agnes. Das Ehepaar besuchte Dörpfeld im Oktober 1933 auf Leukas.[1] Mittig handelt es sich wohl um eine besondere Postkarte, die Dörpfeld beschriftet hat. Zu Pergamon allgemein s. *Mit dem Patenkind in Pergamon* (Seite 20). Das linke Bild wurde rückseitig mit einer Beschreibung durch Dörpfelds Hand versehen. Vermutlich handelte es sich um eine Beilage zu einem Brief. Sie zeigt Dörpfeld sitzend an einem Bach. Im Hintergrund befindet sich eine Wäscherin mit Tonkrug. Der Bach Traphos und das Dorf Liapades liegen im Nordwesten der Insel Korfu.

1 Goebel/Giannopoulou, *Daten*, S. 100.

Reinhard Kaufmann

Bach Trapkos 87 mit Wäscherin

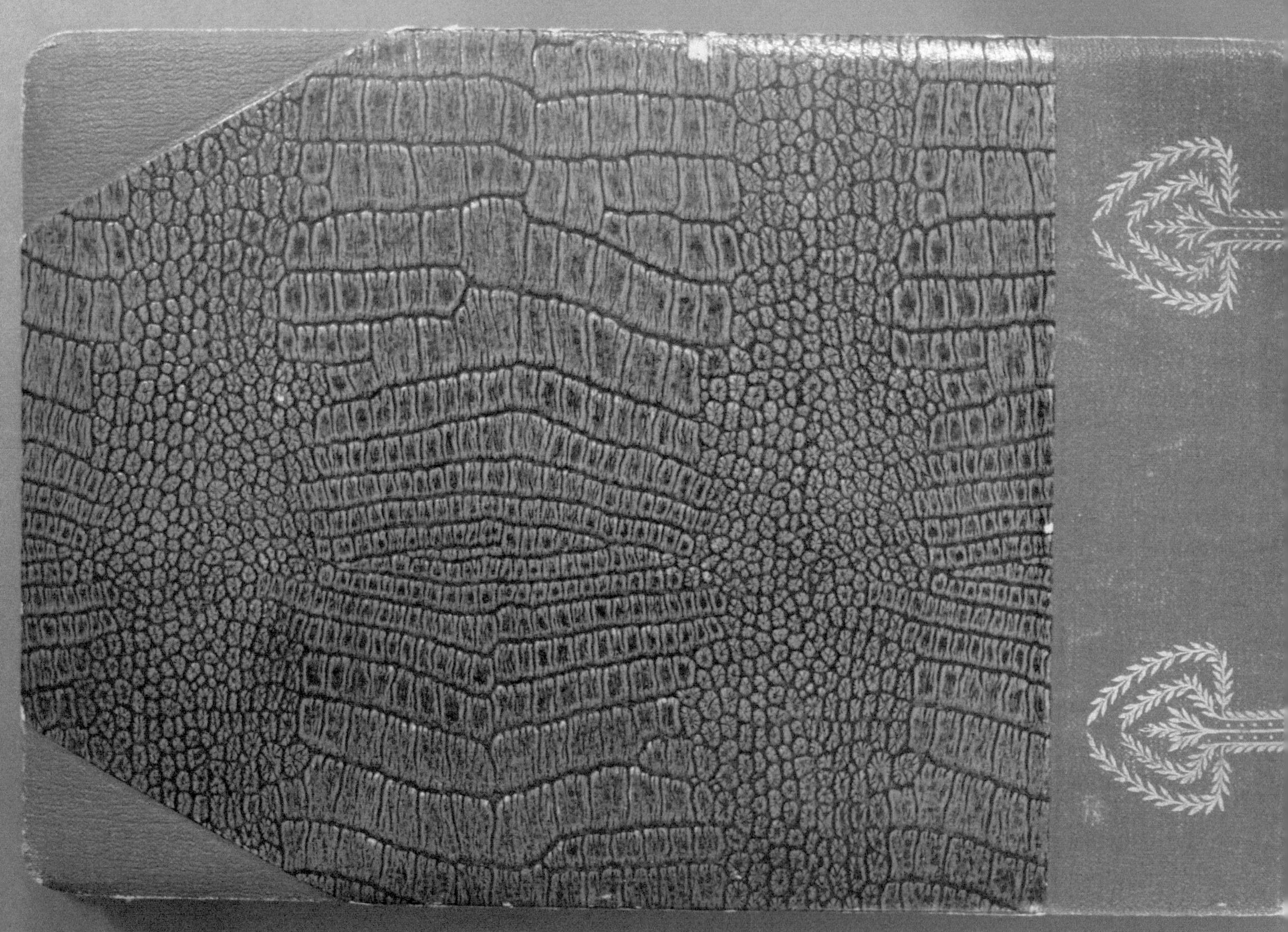

Literaturverzeichnis

Beigel, Th., *Der Stolz des Dilettanten. Wilhelm II. und die Gorgo*, in: Ders./S. Mangold-Will (Hg.): Wilhelm II. Archäologie und Politik um 1900, Stuttgart 2017, S. 87–100.

Bertling Biaggi, C., *Licht und Farben Griechenlands. Ingwer Paulsen auf Reisen mit dem Archäologen Wilhelm Dörpfeld 1928/1929*, Husum 2004.

Buresch, K., *Aus Lydien. Epigraphisch-geographische Reisefrüchte*, Leipzig 1989.

Dickmann, J.-A., *Pompeji. Archäologie und Geschichte*, München 2005.

Diest, W. von, *Geschichte der Familie von Diest*, Kolberg in Pommern 1926.

Dörpfeld, W., *Der Tempel in Korinth*, in: Athenische Mitteilungen (1886), S. 297–310.

Dörpfeld, W., *Leukas-Ithaka IV*. Abrufbar unter: arachne.dainst.org/entity/6136743.

Dörpfeld, W., *Korfu. Ausgrabungen 1912*. Abrufbar unter: arachne.dainst.org/entity/6134268.

Dörpfeld, W., *Die Ausgrabungen auf Korfu im Frühjahre 1914*, in: Athenische Mitteilungen (1914), S. 161–176.

Dörpfeld, W., *Troja und Ilion: Ergebnisse der Ausgrabungen in den vorhistorischen und historischen Schichten von Ilion 1870–1894*, 2 Bde., Athen 1902.

Dörpfeld, W., *Alt-Olympia. Untersuchungen und Ausgrabungen zur Geschichte des ältesten Heiligtums von Olympia und der älteren griechischen Kunst*, 2 Bde., Berlin 1935.

Dörpfeld, W./Goessler, P., *Alt-Ithaka. Ein Beitrag zu Homer-Frage. Studien und Ausgrabungen auf der Insel Leukas-Ithaka*, 2 Bde., München-Gräfelfing 1929.

Dörpfeld, W./Reisch, E., *Das griechische Theater: Beiträge zur Geschichte des Dionysos-Theaters in Athen und anderer griechischer Theater*, Athen 1896, S. 121–133.

Dörpfeld, W./Schleich, H., *Erechtheion*, Berlin 1942.

Eckart, U., *Wilhelm Dörpfeld und Wilhelm II.*, in: Mitteilungen aus dem Heinrich-Schliemann-Museum Ankershagen 6 (1999), S. 145–154.

FIEDLER, M., *Antike Häuser in Leukas. Wohnhausarchitektur und Fundmaterial aus einer nordwestgriechischen Stadt des 6. bis 1. Jh. v. Chr.*, Berlin 2013.

FLÜGGE, M., *Heinrich Schliemanns Weg nach Troja. Die Geschichte eines Mythomanen*, München 2001.

GERKAN, A. VON, *Wilhelm Dörpfeld* †, Gnomon 16, 1940 (9), S. 426–429.

GERKEN, P./HIESEL, W., *Tiryns. Forschungen und Berichte*, Mainz 1971.

GOEBEL, K./GIANNOPOULOU, C. (Hg.), *Wilhelm Dörpfeld. Daten meines Lebens*, Patras 2010.

GOESSLER, P., *Ein Leben im Dienst der Antike*, Stuttgart 1951.

HERMANN, K., *Wilhelm Dörpfeld*, in: R. Lullies/W. Schiering (Hg.): Archäologenbildnisse. Porträts und Kurzbiographien von Klassischen Archäologen in deutscher Sprache, Mainz 1988, S. 112–113.

HERMANN, K., *Wilhelm Dörpfeld – Persönlichkeit und Werk*, in: Mitteilungen aus dem Heinrich-Schliemann-Museum Ankershagen 6 (1999), S. 123–134.

HERTER, H., *Otto Weinreich* †, in: Gnomon Bd. 44 (1972), S. 97–101.

LULLIES, R., *Hermann Winnefeld. 1862–1918*, in: R. Lullies/W. Schiering (Hg.): Archäologenbildnisse. Porträts und Kurzbiographien von Klasischen Archäologen in deutscher Sprache, Mainz 1988, S. 148–149.

JANTZEN, U., *Einhundert Jahre Athener Institut. 1874 – 1974*, Mainz 1986.

KLUWE, E., *Dörpfelds Wirkens in Jena 1919-1927*, Geschichte in Wuppertal 13 (2004), S. 96–110.

LAFOND, Y., *Tegea*, in: Der Neue Pauly 12/1 (2003), Sp. 78–80.

LÜCKEN, G. V., *Wilhelm Dörpfeld*, in: Neue Deutsche Biografie 4 (1959), Sp. 36.

MEYER, E. (Hg.), *Heinrich Schliemann, Briefwechsel. Aus dem Nachlass in Auswahl*, 2 Bde., Berlin 1953/1958.

LULLIES, R./SCHIERING, W. (Hg.), *Archäologenbildnisse. Porträts und Kurzbiographien von Klassischen Archäologen in deutscher Sprache*, Mainz 1988.

Petersen, L., *Wilhelm Dörpfeld am Nil*, in: M. Berghöfer-Weidhaas/A. Eich: Eine Odyssee. Studien zum Leben und Werk Wilhelm Dörpfelds. Wuppertal 2021, S. 145–161.

Radt, W./Eder, W./Berger, A., *Pergamon*, in: Der Neue Pauly 9 (2003), Sp. 543–561.

Rüter, H., *Mit Dörpfeld nach Leukas-Ithaka*, in: Jahresbericht des königlichen Domgymnasiums in Halberstadt, 1910 bis 1911, S. 1–51.

Schauer, Ch., *Hundert Jahre Österreichisches Archäologisches Institut Athen 1898–1998*, Wien/Athen 1998, S. 48–50.

Schatzmann, P., *Altertümer von Pergamon, Bd. VI: Das Gymnasion*, Berlin 1923.

Scheer, R., *Korinth*, in: S. Lauffer (Hg.): Griechenland: Lexikon der historischen Stätten – von den Anfängen bis zur Gegenwart, München 1989, S. 338–343.

Schiering, W., *Mykene*, in: Der Neue Pauly, 15/1 (2003), Sp. 603–611.

Schiering, W., *Tiryns*, in: Der Neue Pauly 15/3 (2003), Sp. 498–508, Sp. 499.

Schleiermacher, W., *Fabricius, Ernst*, in: Neue Deutsche Biographie 4 (1959), Sp. 733–734.

Schuchhardt, C., *Aus Leben und Arbeit*, Berlin 1944.

Schulte-Wüler, U., *Ingwer Paulsen*, in: Ders. (Hg.), Kieler Künstler, Band 3: In der Weimarer Republik und im Nationalsozialismus 1918–1945, Heide 2019, S. 266–284.

Schwertheim, E., *Neandr(e)ia*, in: Der Neue Pauly 8 (2003), Sp. 772.

Sinn, U., *Olympia*, in: Der Neue Pauly 15/1 (2003), Sp. 1166–1174.

Sinn, U., *Franz Winter. 1861–1930*, in: R. Lullies/W. Schiering (Hg.): Archäologenbildnisse. Porträts und Kurzbiographien von Klassischen Archäologen in deutscher Sprache, Mainz 1988, S. 142–143.

Stenger, J., *Troia*, in: Der Neue Pauly 12/1 (2003), Sp. 852–865.

Strauch, D., *Leukas, Leukadia*, in: Der Neue Pauly 7 (2003), Sp. 101–103.

Thielen, H., *Altman(n), Georg(e)*, in: Dirk Böttcher et. al. (Hg.), Hannoversches Biographisches Lexikon. Von den Anfängen bis in die Gegenwart, Hannover 2002, S. 1–17.

WILHELM II., *Ereignisse und Gestalten 1878–1918*, Berlin 1922.

WILHELM II., *Erinnerungen an Korfu*, Berlin/Leipzig 1924.

WILHELM II., *Studien zur Gorgo*, Berlin 1936.

WOLF-CHROME, E. (Hg.), *Zwischen Olymp und Acheron: Berichte und Dokumente aus der griechischen Welt von deutschen Reisenden des 19. Jahrhunderts*, Zürich 1971.

WOLTER, P./BRUNS, G., Das *Kabirenheiligtum bei Theben*, Band 1, Berlin 1940.

ZAVADIL, M., *Major Bernhard Steffen als Mitstreiter Schliemanns im trojanischen Federkrieg*, in: Mitteilungen aus dem Heinrich-Schliemann-Museum Ankershagen 9 (2011), S. 143–153.

Internetquellen

Link 1
www.achillion-corfu.gr/history_en.html
[Stand: 12.01.2021].

Link 2
www.dainst.org/documents/10180/15054/Reisestipendiatinnen+und+Reisestipendiaten+seit+1858+%28Stand+2020%29.pdf [Stand: 12.01.2021].

Link 3
www.tegeamuseum.gr/de-de/antiketegea/archäologischeuntersuchungenintegea/französischeschulevonathen.aspx
[Stand: 12.01.2021].

Abbildungsverzeichnis

Personenregister